좌충우돌 아줌마의
북맹탈출 평양이야기

좌충우돌 아줌마의
북맹탈출 평양이야기

초판 1쇄 발행일 2019년 1월 23일
초판 4쇄 발행일 2021년 5월 14일

글·사진 김이경
펴낸이 김완중
펴낸곳 내일을여는책
편집총괄 이헌건
디자인 윤현정
관리실장 장수댁
인쇄 아주프린텍
제책 바다제책

출판등록 1993년 1월 6일(등록번호 제475-9301)
주소 전라북도 장수군 장수읍 송학로 93-9(19호)
전화 063)353-2289
팩스 063)353-2290
전자우편 wan-doll@hanmail.net
블로그 blog.naver.com/dddoll
ISBN 978-89-7746-096-6(03340)

평양을 제집 드나들듯 했던 대북사업 전문가의 「레알 北큐멘터리」

좌충우돌 아줌마의

북맹탈출
평양이야기

글·사진 김이경

내일을여는책

유일한 선(善)은 앎이요, 유일한 악(惡)은 무지다
- 소크라테스

70여 년 동안 사회적 체제와 구조가 된 분단은 참으로 엄혹하다. 분단은 그 자체로 국민 불행의 구조적 근원이자 사회적 비정상의 토대로 작동한다. 분단은 정작 분단을 가르치지 않았고, 통일(평화)도 가르치지 않았다. 또한 분단과 통일의 한 주체이자 상수(常數)인 북을 철저히 금기시하고, 북을 알고자 하는 접근 자체를 실정법으로 가두고 막았다. 즉, 엄존하는 북의 실체를 부정하고 왜곡, 오도하였다.

분단이 북에 대해 체제적으로 전면화한 거짓과 왜곡, 허구와 오도는 결국 북맹(北盲-북에 대한 무지)과 혐북을 만들었다. 북은 '호시탐탐 적화야욕을 노리는 적'이거나 '헐벗고 굶주리는 찌질이, 루저의 나라'가 대부분의 인식이다. 하지만 그런 북한은 없다.

분단은 '그런 북한은 없다'는 말 자체를 허용하지 않는다. 이런 상황에서 우리는 헌법적 가치로서 평화와 통일을 이야기한다. 북에 대해 아무것도 모르면서, 아니 왜곡된 의식 속에서 허구적으로 알면서 평화와 대북정책, 대북여론을 입에 올린다. 비극이다. 참혹한 비극이다.

'유일한 악은 무지'라는 소크라테스의 말을 되새겨야 할 때다. 무지는 악이 될 수 있다. 70여 년 동안 분단체제를 살아오면서 8,000만 공동체 구성원들의 생존권이 걸린 평화의 영역임에도 불구하고 우리는 정작 분단도 통일도 북한도 모른다. 어처구니없는 상황이다.

적폐의 본질은 거짓으로 수렴한다. 우리 사회 거짓의 출발은 분단의 기원/본질/속성에서 유래한다. 모든 거짓의 무덤이 분단에서 비롯되었다.

분단을, 평화를, 북한을 알아야 한다. 북맹을 넘어가는 과정은 그래서 눈물이다. 일제 식민과 분단, 전쟁, 분단체제의 심화로 이어진 지난 100년사는 한반도에 형언할 수 없는 참혹한 한(恨)의 역사를 만들었다.

그것은 지금도 현재진행형이다. 분단을 넘어 평화로 가는 가장 빠른 길은 엄연히 존재하는, 실재하는 북을 있는 그대로 아는 것이다. 북을 알게 되면 분단은 허물어진다.

문재인 대통령은 지난 9.19평양선언 당시 15만 평양시민들 앞에서 대중연설을 했다. 그 연설문 안에는 북을 한마디로 요약한 명문이 들어있다.

"나는…… 북측이 민족의 화해와 평화를 얼마나 갈망하는지 절실하게 확인하였습니다."

대한민국 대통령이 북측이 평화를 얼마나 갈망하는지 절실하게 확인했다는 것이다. 그렇다. 북측은 진실로 평화를 원한다. 북측이 평화를 원한 것은 언제부터였을까? 분단체제는 그 모든 것을 구조적으로 가리고 왜곡했다. 남과 북이 분단 속에서 겪어야만 했던, 이루 형용조차 못할 비극과 한의 역사를 휘어이 휘어이 넘어가는 길에 북에 대한 기본 이해들이 진실로 절실히 필요하다.

김이경 선생의 책을 받아들고 너무나 고맙고 감사했다. 참으로 큰 작업을 하셨다. 국민 불행의 씨앗인 분단을 넘어 국민 행복의 평화로 가는 길에 만나게 될 북녘과 북녘 동포들에 대한 이해를 돕는 데 크게 활용될 것으로 보인다. 나이와 성별, 전문가와 비전문가, 지위 고하를 막론하고 누구나 북맹일 수밖에 없는, 분단체제를 살아가는 우리 모두에게 적극 추천하고 싶다.

아는 만큼 보이고, 보이는 만큼 느끼고, 느끼는 만큼 사랑할 수 있다. 남과 북은 평화로, 사랑으로 만나야 한다. 그것이 국민 행복이기 때문이다.

김진향 개성공업지구지원재단 이사장/관리위원장

남북교류의 전령사로 살아온 10년의 이야기

수십 년간 한반도를 얼어붙게 했던 거대한 냉전이 녹아내리고 새 시대가 열리고 있다. 앞으로 어떤 모습의 시대가 열릴까? 기차를 타고 유럽을 갈 수 있는 날은 언제일까? 평양에 가서 냉면 한 그릇 먹고 돌아올 수 있는 날은 조만간 올까? 예전에는 꿈도 꾸기 힘들었던 일들인데 지금은 지나치게 소박한 희망인 듯 들린다. 통일시대의 대문을 활짝 열고 들어선 현 시점에서 우리는 왜 거대 담론이 아니라 이렇게 작은 꿈밖에 꿀 수 없는 걸까?

나는 2001년부터 2012년까지 10여 년 동안 북을 제집 드나들 듯 살아왔다. 금강산, 개성, 평양을 한 달에 서너 번씩 다녀왔고, 한 달 넘게 평양에 상주하기도 했다. 당시 내 직업은 '우리겨레하나되기운동본부'라는 남북교류협력단체의 사무총장이었다. 함께 북녘을 다녀온 인도적 대북지원 후원자들에게는 절박한 요구가 있다. 죽기 전에 고향 땅을 한 번이라도 밟아보고 싶은 실향민, 남북 합작영화를 만들고 싶은 영화인, 북과 학술교류를 원하는 학자…… 등 무수한 분단의 아픔과 통일염원! 나는 그분들의 한을 풀어주는 해결사였고, 희망의 전령사였다.

그렇게 살다 보니 어느 사이 체제나 가치관, 정서의 차이를 민감하게 알아차릴 수 있는 전문가가 되었다. 남북이 합의하기 어려워하는 깊은 속사정을 먼저 이해하고, 서로 다른 감각을 절충하여 민간이 할 수 있는 최선의 교류합의 방안을 찾아야 했다. 그것이 내 인생 마흔줄의 직업이었고, 나는 그 과정을 통해 조금씩 '조선민주주의인민공화국'을 알아가게 되었다.

이제 내가 본 북녘사회를 이야기할 시간이다. 남북관계의 대로가 열리려는 이때, 남북교류를 위한 새로운 안내서를 만들어야 한다. 남쪽 사람의 대다수는 심각한 '북맹'이다. 같은 겨레가 살고 있는 북녘을 여행하는 일은, 말도 같고 음식도 같아서 얼핏 국내여행을 하는 기분도 든다. 그러나 북녘은 우리와 같은 자본주의 사회가 아니다. 같은 자본주의 나라도 안내책자를 보고 가는데, 하물며 체제가 다른 사회주의 북녘이 아니던가. 북녘을 있는 그대로 이해하는 것은, 싫든 좋든 통일시대로 가고 있는 우리에게 매우 중요한 준비다.

그 준비는 그동안 당연시했던 것들을 새롭게 고민하는 과정이기도 하다. 우리는 우리 체제가 허용한 가치와 상식만을 절대 진리인 줄 알고 살아왔다. 그러나 세계에는 다양한 체제와 상식이 존재한다. 우리가 알고 있던 사실들이 다른 측면에서는 전혀 달라 보이기도 한다. '옳고 그름'에 대한 잣대는, 우리와 다른 세계를 이해하는 데 아무런 도움이 되지 않을 수도 있다.

　북녘을 알아가는 것은 우리를 비우고 인간의 존재방식에 대해 새롭게 고찰하는 과정이며 통일시대를 여는 새로운 방법론을 터득하는 과정이다. 북녘을 가고 싶어 하는 분들, 북녘 사람들을 만나 통일은 나에게 무엇인지 고민하려는 분들 그리고 통일 세상의 미래, 민족의 미래를 꿈꾸는 분들에게 이 책이 작은 도움이 되길 바란다.

차 례

1부

남북을
넘나든다는 것

1. 북녘사회를 바라보는 두 가지 시선

● **북녘사회를 바라보는 사회적 인식의 착시현상**

   남북을 오가며 민간교류 활동을 해온 분들의 북녘 사람들에 대한 인상은 '가난하지만 순수하다'는 것이다. 지난해 문재인 대통령 부부가 백두산에서 찍은 사진 중 눈에 들어오는 장면이 있었다. 김정숙 여사가 천지 물을 페트병에 담고 있는데, 리설주 여사가 뒤에서 우리 영부인의 외투 끝을 살짝 들어주는 장면이다. 천지 물에 옷자락이 젖을까 봐 염려했던 것이다. 여자 친구들 사이에서 흔히 보는 일이지만, 영부인끼리의 공식적인 만남에서는 상상하기 어려운, 소박하고 따뜻한 장면이었다.

   한번 북녘에 다녀온 사람들은 남북의 여러 차이점에도 불구하고 북녘 사람들의 배려와 따뜻한 마음에 호감을 갖는다. 그러나 북녘을 가본 적이 없는 사람들에게는 을씨년스러운 곳이다. 4. 27 판문점회담에서 김정은 위원장의 모습이 생생하게 방영된 후 이러한 인식이 많이 개선됐지만, 북녘사회에 대한 호감은 낮은 편이다. 평양에도 맛집이 있다는 것 외에 북녘의 매력은 잘 모른다. 집단주의와 강제노동 또는 탈북자들이 증언하는 굶주림과 강제노동 등의 이미지들로 가득하다.

   2006년, 방북자가 100만을 넘어간 시절이었다. 안성시 공무원 두 명이 우리 사무실을 찾아왔다. 다음 해에 안성에서 열리는 세계정구선수권대회에 북녘 선수단의 참가를 요청하고 싶다고 했다. 그 일을 협의하기 위해 그분들과 함께 개성에 갔을 때였다. 안성 공무원들은 세계정구선수권대회에 북녘 선수단이 오기를 바란다며 열변을 토했다. 민속여관에서 점심식사를 할 때는 오랜 지기인 듯 화기애애하고 정감이 넘쳤다. 공무원치고는 처음 만나는 북녘 분들에게 거침없이 말을 잘하는 편이었다.

그런데 협의를 마치고 개성 출입국관리사무소를 넘어오자마자, 한 분이 "이제 살았네!"라고 가슴을 쓸어내리기 시작했다. 며칠 전부터 아내가 북에 가지 말라는 것을 겨우 달래놓고 왔지만 속으

개성 자남선 여관에서의 실무협의 모습.

로는 너무 무서웠다는 것이다. 조금 전까지 거침없이 대화를 나누던 사람이라고는 도저히 믿기지 않았다.

여러 사람과 함께 북녘을 다니다 보면 이렇게 양면성을 느낄 때가 많다. 사람의 생각은 사회적 의식과 깊이 연관되어 있다. 같은 사람이라도 순간순간의 사회적 분위기에 따라 민감하게 달라진다. 나는 평양과 서울에서의 언행이 전혀 다른 사람들을 수없이 보았다. 같은 사람인지 의아할 정도로 달랐다. 그런 장면들을 자주 접하다 보니, 북녘에 대한 여론조사를 잘 믿지 않게 되었다. 사람의 속마음과 말이 다른 경우가 너무 많다. 무엇이 솔직한 생각일까? 사람의 생각은 중층적이고 다면적이라 한 마디의 말도 잘 가려서 들어야 할 것 같다. 더구나 우리 사회처럼 반북 정서가 팽배한 분위기 속에서 북녘을 객관적이면서도 줏대 있게 보는 것은 정말 어려운 듯하다.

ː 북녘 사람들과의 첫 만남, 뜻밖의 복병

내가 처음 북녘 땅을 밟은 것은 2001년 4월 중순, 금강산에서 '6.15공동선언 1주년 기념 금강산민족통일대토론회' 개최를 위한 남북 민간대표단의 실무협의를 할 때였다. 난생처음 만나는 북녘 사람들이었다. '설렘'보다는 '새 역사를 열어가는 중요한 만남'이라는 생각에 마치 시험공부를 안 한 수험생처럼 불안하고 초조했다.

금강산 출입국사무소를 통과하자마자 먼저 와서 기다리던 북녘 민족화해협의회 분들이 인사를 했다. 우리는 가벼운 눈웃음을 지으며 악수를 하면서도 서로 어찌할 바를 몰라 쭈뼛쭈뼛했던 것 같다. 여성은 나 혼자였던가? 북녘 선생들은 나를 보며 안절부절못하더니 예상치 못한 말을 했다.

"진보를 대표하는 통일연대 사무처장이 여자인 줄 몰랐다."
"이럴 줄 알았으면 우리도 여성 안내원을 한 명 데리고 나올 걸 그랬다."

　어색한 처지에서 나온 배려의 말들이었을 테지만, 나는 꽤 당황했다. 민족의 중요한 문제를 협의하러 나온 실무 대표에게 여성 안내원을 붙일 걸 그랬다고? 업무를 협의하기 위한 해당 직책 일꾼이 나왔으면 된 것이지 왜 여성 안내원 이야기를 꺼낼까? 북녘에서는 남성과 여성 사이에 정상적인 업무협의가 불가능한가? 친해지기가 어렵다고 느끼는 건가?

　나는 풀이 죽었다. 뜨거운 포옹에 눈물을 흘릴 줄 알았는데, 갑자기 '성'의 벽에 갇힌 느낌! 허심탄회한 만남은 글렀다는 생각에 맥이 빠졌다. 이후에도 마찬가지였다. 북녘과의 만남은 늘 기대되고 설렜지만, 막상 만나보면 돌발상황이 기다리고 있었고, 예상치 못한 복병에 서로 당황하는 일들의 연속이었다. 그러면서도 그들의 배려하는 마음과 따뜻한 인정을 느낄 수 있는 중첩적 상황이 이후 10년 동안 이어졌다.

• 처음 보는 평양, 감당하기 힘들었던 충격

내가 금강산에 이어 처음으로 평양을 방문한 것은 2001년 8월 1일이었다. 8.15민족통일대회 실무협의를 위한 방북이었다. 당시 북녘사회가 최악의 경제상황이라는 것은 알고 있었지만 내심 평양에 대한 기대가 없지 않았다. 스스로 '사상의 고향'이라고 자랑을 하는 곳이니 서울처럼 화려하지는 않더라도 조용하고 품격 있는 거리 풍경을 보여주리라 하는 기대였다.

처음 본 평양은 썰렁했다. 8.15통일대축전을 준비하는 도시라면 꽃단장의 손길이 한창이어야 할 터인데, 낡은 건물 보수공사가 대부분이었다. 푹 파인 도로와 낡은 건물을 보수하는 곳에 현대식 장비들은 없었다. 징이나 망치를 하나씩 들고 벽에 매달려 일하는 군인들을 보니 흡사 시골 장터 같았다. 고층 아파트는 오래된 회백색의 칠이 조금이라도 남아 있는 정도면 나은 편이었고, 대부분 시멘트벽이 그대로 노출되어 있었다. 비닐로 창을 막아 놓은 곳도 많았다. 타임머신을 타고 1960년대쯤으로 돌아온 듯, 오래전에 발전이 멈어버린 도시 같았다. 8월 초순이면 풍요롭고 여유 있는 계절이었지만, 함께 간 우리는 모두 마음이 매우 심란했다.

어렸을 때 부모님과 함께 TV로 보던 북녘사회의 모습이 떠올랐다. 1972년 7.4남북공동성명이 발표되고 우리 정부가 처음 북녘을 가는 장면이었다. 남쪽의 차량이 판문점을 통과해 북을 달리는데, 들판에 스프링클러가 돌고 있었다. 아버지가 감탄했던 말씀이 기억에 남아 있다.

"우리 시골에는 저런 거 없는데, 대단하네?"

　　스프링클러가 남쪽 취재단을 의식한 장식용이었는지, 아니면 당시 북 농촌의 진짜 수준이었는지 잘 모르겠지만, 아버지는 놀라움을 감추지 못하셨다. 후에 알게 되었지만, 1980년대 중반까지는 북 경제가 남측보다 앞섰다고 한다. 「브루스 커밍스가 바라본 북한 (1)-70년대에는 북한이 더 잘 살았다」의 기록을 보자.

최초의 평양주재 스웨덴 외교사절인 에릭 코넬 대사는 1975년 북한에 도착했다. 때마침 경제를 세계적 수준으로 끌어올리기 위해 수십억 달러를 투자한 북한 당국의 자부심과 기술숭배를 목격할 수 있는 시기였다. 그해 북한에는 서유럽과 일본에서 일체의 공정설비를 포함하여 상당한 양의 외제 장비가 수입되었다. 북한은 최고의 병원에 최신식 지멘스 의료장비를 설치했고, …… 냉난방 시설이 갖춰진 거대한 고급 건물과 극장들을 갖추었다. 정밀한 중앙통제실에서 컴퓨터로 운용되는 냉난방·전기시설을 갖춘 대규모 쇼핑몰들도 들어섰다. 소비에트 블록을 중심으로 이루어지던 무역도 양상이 달라져, 1974년부터 79년 사이에는 비 공산권 국가들과의 거래가 동구권 수준으로 증가했다. 코넬은 북한이 급속한 산업화 과정에서 거둔 성취에 찬사를 보냈다. 전쟁의 잿더미 속에서 많은 주택단지를 건축했고, 모든 사람에게 무상교육과 무료진료를 실시했으며, 1970년대 남한보다 생활수준이 높고 고른 것이 인상적이었다. 당시 남한에서 보이던 광범위한 궁핍과 무주택자도 눈에 띄지 않았다. 민주사회주의 국가에서 온 대사로서는 당연히 주목할 만한 대목이다.

1970년대의 위용은 다 어디로 갔을까? '만수대공원', '의사당', '김일성광장', '인민대학습당' 등 유명한 건물들은 기본 골격이 웅장하고 멋진 태초의 품격을 그대로 간직하고 있었다. 그러나 전체적인 평양은 가난의 모습이 그대로 느껴졌다. 수도 평양의 모습이 이 정도이니 지방은 어떠할까? 북녘이 겪었을 1990년대 '고난의 행군'의 실체가 희미하게 다가왔다.

• '고난의 행군'을 모르면 지금의 북녘사회를 모른다

1990년대 중후반 북녘사회는 사상 최악의 경제난에 봉착했다. '경제난'이라는 말은 너무 점잖은 표현이고, 경제체제가 붕괴됐다고 하는 편이 더 사실에 가까울 것 같다. 1980년대 후반부터 시작된 동구 사회주의권의 몰락으로 구상무역제도(일정 기간 동안의 수출과 수입이 균형을 이루도록 두 나라가 협정하여 차액 결제를 위한 별도의 지불을 하지 않는 무역제도)가 무너지고, 국제무역체제가 달러 결제 방식으로 바뀌었다.

달러가 없었던 북녘은 공장 가동에 필수불가결한 원유와 기계부품, 원자재를 수입할 수 없었다. 비료공장을 비롯한 많은 공장들의 가동이 중단되었다. 엎친 데 덮친 격으로 3년간 계속된 왕가뭄과 대홍수로 수많은 석탄 광산들이 물에 잠겼고, 농경지가 유실

되었다. 공장의 기계도, 기차와 자동차도 멈추었다. 아사자들이 속출했다. '북한은 3일 내 혹은 3주일 내 아니면 3개월 내에 망할 것'이라는 소문이 국제사회에 파다하게 퍼져나갔다.

동구 사회주의 국가들이 모조리 사회주의의 문을 내린 상황. 자본주의에 끝까지 반기를 들고 사회주의를 고수하는 북녘을 미국이 내버려 둘 리 없었다. 미국을 비롯한 국제사회는 북녘을 경제적으로 더욱 봉쇄하고 압박하는 전술을 구사했다. 지금도 마찬가지지만, 미국의 비위를 거스르면서까지 북녘사회에 대한 인도적 지원을 할 수 있는 나라는 없었다.

베트남 전쟁 당시 북한은 베트남에 전투 비행사를 보내 미군 전투기를 수없이 떨구어주었으며 부상당한 많은 베트남 병사들을 평양 병원에 옮겨 극진히 치료해주었다. 고난의 행군 시절 북한은 그 베트남에 쌀 지원을 요청했지만 베트남 당국자들에게 외면당했다. 베트남 정부는 몇 줌 안 되는 쌀을 주면서 '미국이 북한에 식량 지원하는 것을 반대하기 때문에 어쩔 수 없다. 이해해달라'고 사정했다고 한다. 북의 외교관은 분노의 음성으로 그 쌀을 하노이에 있는 거지들에게나 주라고 하면서 그냥 돌아갔다고 한다. 이것만 보더라도 러시아 패망 이후 미국이 얼마나 북한을 철저히, 잔인하게 봉쇄했는지 잘 알 수 있다. 북은 어려움을 겪지 않을 수 없었다.
— 「브루스 커밍스가 바라본 북한(1)-70년대에는 북한이 더 잘 살았다」 중에서

공장도 멎고, 전기도 끊어지고, 식량은 없는 나라! 북녘은

1990년대 중후반의 상황을 '고난의 행군'이라고 부른다. '고난의 행군'은 1938년 말~1939년 김일성 주석과 항일빨치산이 만주에서 혹한과 굶주림 속에서도 일본군의 토벌작전을 따돌리고 100여 일간이나 행군을 한 데서 유래한 말이다.

• 북녘의 고난의 행군은 우리에게 어떤 의미였나?

북녘사회가 이렇듯 처참한 지경임에도 불구하고, 남녘의 우리들에게는 함께 극복해야 할 뼈아픈 현실로 받아들여지지 않았다. 그저 '동토의 땅, 북! 2대째 내려오는 독재자의 나라. 가엾은 주민들이 굶어 죽네'라는 느낌이었다. 먼 아프리카의 가난을 바라보는 듯한 평가라고나 할까. 아니 더 냉소적으로 '강 건너 불구경'하는 분위기였다는 것이 정직한 이야기다.

1997년, 200만~300만 명 아사설이 심심치 않게 언론에 회자될 당시, 나는 북녘 동포 돕기를 위해 아들의 돌반지를 팔아 성금을 낸 적이 있다. 그때도 북녘 가난의 실체가 구체적 표상으로 다가온 것은 아니었다. 반공교육으로 무장된 대한민국 국민들에게 북녘은 한 핏줄이 아니었다. 실재하는지도 실감할 수 없는, 관념속에 존재하는 이상한 동네였을 뿐이다.

북녘사회의 대재앙이 실감 나지 않았던 것은 반북 분위기 때문만은 아니다. 우리 사회에서는 사회적 빈곤이 아무리 심각해도 당장 자기에게 닥칠 문제로 느끼지 못하는 사람들이 많았다. 아이

엠에프 사태로 국가경제가 무너지는 것을 목격했지만, 북녘사회처럼 전 국민이 당장 풀뿌리를 캐 먹어야 할 정도는 아니었다.

자본주의 사회에서 '경제위기'가 예상되면, 기업의 파산을 막기 위해 외자를 끌어들이는 것말고는 방법이 없다. 외국자본의 투자 가치를 높여주기 위해 국가적 구조조정에 들어가는 것은 필수적인 전제다. 계급 계층 간의 차이가 더욱 벌어지고, 여기저기서 파산한 사람들, 하루아침에 거리로 몰린 사람들이 눈에 띄게 늘어난다. 그런 현상을 보면서도 일부 중소상공인이나 저소득층의 문제로 여기며 국가 재난이 나를 피해 얼른 지나가기를 바란다. 게다가 나라 전체가 외국자본에 명줄을 저당 잡힌 꼴이 되어버려도 국가의 외양적 화려함을 포기할 수 없다. '자본을 끌어올 수 있는 중요한 담보'이므로 당연한 일이다. 속이 곪아도 겉은 화려한 구조적 악순환이랄까…… 국가적 경제위기에 대해 자본주의가 대처하는 기본적 자세다.

그런데 2001년 내가 본 평양의 남루한 모습, 숨기지 않은 국가적 빈곤은, 내가 한 번도 상상해보지 않은 풍경이었고 설명하기 힘든 충격이었다. 북녘은 자본주의 대신 과연 무엇을 선택한 것인가? 정권 유지? 아니면 북녘의 설명대로 국가적 자주권? 이후 북을 드나드는 10년 동안 늘 느껴야 했던 원초적인 질문이다. 평양은 나에게 그렇게 조용한 충격으로 '사회주의 자주국가 조선민주주의인민공화국'의 위용을 드러냈다.

2. 남북 민간교류 이야기

: 우리 모두 남북 민간교류의 주인공이 될 수 있다

　　남북관계가 활짝 열리고 안정화되어도, 배낭 하나 메고 발길 닿는 대로 북녘을 여행하는 날이 언제 올 수 있을지는 잘 모르겠다. 그냥 남북관계가 열린다고 되는 일이 아니다. 북미 관계가 정상화되고 북녘 요소요소에 있는 군 초소가 없어지는 날, 우리 사회에서 국가보안법이 사라지고 북녘 사람들과 어깨동무를 하고 거리낌 없이 거리를 활보할 수 있는 날이 되어야 할 것이다. 북녘은 지금도 외국인들에게는 안내원 두 명을 동반한 관광을 허용한다. 남쪽 사람들도 그렇게나마 북녘을 여행할 수 있는 날이 오기를 바라지만, 어쩌면 예외적인 기간을 제외하고는 남북 민간협력사업을 통해 북녘을 가는 것이 보편적일 수도 있겠다.

　　김대중·노무현 대통령 시절에는 인도적 지원을 통해 북녘을 오갈 수 있었다. 물자지원 내용과 전달방식에 대한 남북의 실무접촉과 합의서 작성, 물자전달, 후원자들과 분배확인 등을 위해 방북이 필요했던 것이다.

　　북녘은 같은 민족으로서의 도움의 손길을 고마워하면서 실제 모금을 잘할 수 있도록 자신들이 할 수 있는 편의를 봐주었다. 또 우리 정부도 햇볕정책에 부합되는 사업인 데다 다른 민간교류보다

우리겨레하나되기운동본부가 기획한 남북 학자들의 좌담회 모습.

정치적 부담도 덜해서 비교적 쉽게 승인을 해준 편이었다. 그 외에
언론교류, 방송교류, 문화교류, 학술교류, 체육교류 등 많은 분야
의 사회문화 교류들이 있었다. 6.15공동선언이나 8.15 행사, 개천
절 행사, 3·1절 행사는 남북 공동의 거대한 축전으로 이루어지기도
했다. 일상적인 지원이나 사회문화 교류 그리고 큰 규모의 남북공
동행사를 통해 더 다양한 민간교류들이 논의되고 더 많은 만남과
협력들이 성사되었다.

　　나는 강의를 할 때마다 북녘과의 협력사업을 생각해보라고
권한다. 통일이란 남북이 여러 인연과 이해관계를 쌓는 과정에서
이루어진다고 믿기 때문이다. 예전에는 대북지원을 후원하는 방식
으로 북녘 방문의 꿈, 협력사업에 대한 꿈을 꾸었다. 지금은 북녘

6.15공동선언 실천을 위한 북남(남북) 학자 통일토론회 기념사진.

우리겨레하나되기운동본부가 지원한 북녘 국수공장의 모습.

경제도 많이 좋아져 북녘의 개발협력 동참이나 사회문화 교류에 대한 더 다양한 만남이 필요하다. 소속 단체, 자기 지역에서 특성에 맞는 남북 민간 협력사업의 전문성과 능력을 키우고, 북녘사회에 대해 공부하면서 방북을 꿈꿀 수 있다면 통일은 더 절실한 의미로 깃들기 시작할 것 같다.

• 남북의 약속은 더 의미 있는 만남을 준비하는 과정이다

남북 민간교류에서는 사전에 북녘과의 실무접촉을 통해 구체적으로 공동사업을 약속하는 합의서가 필요하다. 남과 북은 공동으로 협력사업을 하고, 각각의 책임과 역할은 무엇이며 어떤 방식으로 진행한다는 합의이다. 또 합의서란 남북이 서로 약속을 잘 지키자는 공신력을 담보하며 남쪽에서는 북녘과 이러한 사업을 하고 있으니 관심을 가져달라는 증표이기도 하다.

인도적 대북지원에도 합의서가 필요하다. 북녘에 물자를 보내려면 통일부에서 요구하는 '북녘이 분배 확인을 위해 남쪽의 초청을 보증한다'라는 문구가 담긴 합의서가 있어야 한다. 북녘은 이런 내용의 합의서를 좋아하지 않는다. 순수한 인도 지원에 합의서가 필요하다는 것도 잘 이해하지 못하고, 자신들을 믿지 못할 바에야 문구가 무슨 소용이냐고 한다. 북녘이 합의서를 싫어하는 더 현실적인 이유는 그 문서가 언론에 공개되어 '굶주리는 북'이라는 이미지 선전에 악용되는 경우가 많기 때문이다. 통일부에 남북합의

우리겨레하나되기운동본부가 진행한 평양 상원 양묘장 준공식.

우리겨레하나되기운동본부의 합의서 작성 기념사진(평양 양각도 호텔).

서를 제출하는 순간부터 언론에 새는 경우가 많다. 어떻게 알았는지 민감한 대북지원 품목을 악의적으로 보도하면 통일부에서는 물자 반출을 허가할 수 없어지고……. 악순환의 연속이다.

말로는 무슨 약속인들 못할까? 그러나 합의서에 적시할 간단한 문구를 작성하고 도장을 찍기까지는 많은 논쟁들이 오고 간다. 협력사업의 명분부터 제대로 정리해야 하고, 사업의 내용, 약속이행 방식 등등에 관해서 남북의 합의를 도출해 내는 과정은 늘 쉽지 않다. 재미있는 것은 합의 도출 과정에서 남북의 차이가 명료하게 드러난다는 것이다. 그 차이를 극복하고 합의를 도출하는 과정이야말로 통일의 과정이라고 할 수 있다. 그것을 극복하는 것이 또다른 묘미라고 생각한다. 이 책에서도 그에 관한 사례를 소개할 예정이다.

남북관계의 물꼬를 트고 남북이 약속을 하는 것은 중요하다. 그러나 더 중요한 것은 한번 트기 시작한 물꼬가 계속 물길을 열어, 한 번의 만남이 더 큰 만남으로 이어지도록 역경을 극복하고 전진하는 것이다.

약속을 지키지 못한 사람들을 위한 변명

남북의 약속이 잘 이행되어 성공적 결과를 낳고 더 많은 교류의 길을 열었지만, 약속을 지키지 않아 남북 모두에게 상처가 되는 일도 없지 않았다. 북녘을 믿을 수 없다는 말들은 자주 듣지만 남측이 약속을 안 지킨 사례는 잘 알려지지 않았다. 북녘과의 약속을 지키지 못하는 남녘의 사정은 무엇일까?

2003년 부산시장이 방북했을 때, 함께 간 부산의 경제인들은 여러 분야의 합의서를 작성했지만 단 한 건도 지키지 않았다. 북녘 분들은 그때의 심정을 이렇게 말한다. 대북투자를 한다고 해서 요구하는 것 다 보여주고 이러저런 공장도 다 시찰시켜주고 온갖 편의를 들어주었는데 돌아가서는 팩스 한 장이 없으니 합의서를 써준 일꾼들이 속이 다 타들어 갔다고.

북녘에 가면 대부분 민족의 동질성과 분단의 아픔을 동시에 느끼게 된다. 따뜻하고 허심탄회한 북녘 사람들을 보면 긴장됐던 마음이 풀리고 편안해진다. 서울에 돌아가서 사람들에게 북녘과 협력사업을 하려는 데 힘을 모으자면 누구나 공감해줄 것 같은 기분이다. 공장 기계 설비를 보내주고 경협으로 발전시키면 될 것 같다. 북녘도 지원하고, 돈도 벌고 싶다는 단순한 욕심에 합의서를 쓰고 돌아온다.

그러나 인천공항에 내리는 순간부터 분단체제가 양어깨를 짓누른다는 것을 깨닫게 된다. 북녘과 협력사업을 하자고 설득하는 건 만만치 않다. 정말 어려운 것은 북녘으로 보낼 수 없는 대북 반출 금지 품목이 너무 많고 투자 환경도 만만치 않다는 점이다. 처음에는 이래저래 해결해보려고 애를 쓰지만 결국 포기하는 경우가 많다. 그리고는 북녘이 합의서를 강요해서 마지못해 썼는데 객관적 조건이 이러하니 어쩔 수 없다고 말한다. 어느 것이 진실인지는 당사자들은 알고 있을 것이다.

　아마도 북녘과의 약속을 지키지 못한 근본 이유는 미국과 국제사회의 대북제재로부터 자유로울 수 없는 우리 정부의 입장 때문일 것 같다. 개성공단과 금강산 관광을 보자. 북녘은 군대까지 뒤로 물리면서 남북관계의 상징, 평화의 상징으로 그곳을 내놓았다. 하지만 수구세력이 정권을 잡았던 시절 안전보장이니 대북제재니 떠들면서 금강산 관광과 개성공단을 폐쇄시켰고, 아직도 재개하지 않고 있다. 4.27판문점합의도 마찬가지다. 여건이 안 되어 합의서 이행이 어려울 수 있다. 그렇지만 합의 주체들이 최소한의 진정성을 보이면서 약속 이행 여건을 조성하려는 노력을 병행하지 않는다면, 부산에서 서울, 평양을 거쳐 유럽으로 갈 수 있는 날은 영영 오기 어려울 것이다.

⁞ 합의서 작성에서 나타나는 남북의 시각 차이

　합의서 문구에 대한 남북의 시각차를 극명하게 볼 수 있는 경험을 소개하겠다. 2005년 7월, '한국관광공사'의 실무협의 때였다. '관광공사'는 평양 관광을 성사시켜, 한반도 전체의 관광벨트화를 실현하고 싶은 꿈이 있었다. 금강산·백두산 관광은 현대아산에 밀렸던 터라 평양 관광만큼은 관광공사 주도로 만들고자 했다. 아직 평양 지역 관광이 이루어지기 전이라 북의 어려움을 도와주고, 지원물자 배분 확인 방문 형식의 평양 시범 관광을 추진했다.

관광공사에서 보내온 평양 도시미관용 페인트.

개성 실무접촉에서 관광공사는 평양의 도시 미관용 페인트를 지원하고, 북측은 평양으로 초청하는 것으로 윤곽이 그려졌다. 합의서에 서명만 하면 되는 줄 알았는데 예상치 못한 복병이 나타났다. 관광공사가 '평양 도시 미관용 페인트를 지원하고, 시범관광을 한다'는 초안을 내놓자 북측에서 "관광에 합의한다'는 문구에 합의할 수 없다"고 나선 것이다. 돌발상황이었다.

관광공사는 '시범관광용'이라는 명분이 있어야 페인트를 지원할 수 있다고 누차 호소했고, 북측은 상황은 이해하지만 합의서에 '관광'이라는 표현을 쓸 수는 없다고 주장했다. 관광공사 방북단을 대규모로 '초청'은 할 수 있지만 어디까지나 통일애국사업에 대한 답례이지 관광은 아니라는 것이었다. 관광공사는 "시범관광이 페

인트 지원의 명분인데, 관광이라는 문구를 넣을 수 없다면 기금마
련도 불가능하다. 실제적 관광이 아니라 기금마련 명분"이라고 호
소하기도 하고 언성을 높이기도 했다.

　시종일관 침묵하는 북측! 30분 이상 그렇게 앉아 있었던 것 같
다. 내가 '관광'이라는 표현을 '참관'으로 바꾸자고 제안을 했더니
북측은 환해시면서 동의한 반면, 관광공사 측에서는 불가하다고
한다. 다시 침묵의 시간이 흘렀다. 처음에는 북측이 유연성이 부족
하다고 느꼈으나 조금 더 생각해보니 '관광'이라는 문구에 예민할
수밖에 없는 북측의 입장이 이해되었다. 관광공사의 방북이 관광
개방으로 비춰지는 것을 경계하는 듯했다. 서로 입장차가 있으니,
유연성의 문제로 보고 합의하는 것이 불가능하다는 판단이 들었다.

　이 문제가 어떻게 해결되었는지 이 책에서 거론하는 것은 적
절치 않다. 여기서 이야기하고 싶은 요점은 문구 하나, 단어 하나
에서 확연히 드러나는 남북의 시각 차이에 관한 것이다. 관광공사
는 북에 페인트 지원을 했고, 얼마 후 2005년 10월 22일부터 25일
까지 133명의 대표단이 북의 융숭한 대접을 받으며 평양을 참관
(관광)할 수 있게 되었다.

⦂ 남과 북의 이상한 갑을관계

　이상한 것은 인도적 지원을 하는 남녘과 물자를 지원받는 북
녘이 벌이는 실랑이다. 돈을 싸들고 북녘을 지원하겠다는 관광공

사는 북녘을 달래면서 합의서를 작성하려 땀을 뻘뻘 흘리는데, 북녘은 "관광은 안 됩니다"라고 선언한 뒤 침묵을 지키는 장면을 한 번 상상해보라. 북녘의 태도가 매우 고압적이라고 느낄 수도 있다. 하지만 나는 진실을 이렇게 본다.

"같은 겨레의 어려움에 함께해주겠다는 순수한 마음은 고맙습니다. 북남 협력사업은 민족의 미래를 걱정하는 통일애국사업입니다. 대가성 거래가 아닌 통일애국사업을 해주시는 분들에게는 우리가 할 수 있는 최선을 다해 예우할 것입니다."

북녘은 관광공사가 '명분'을 주장하는 속사정은 이해하나 스스로 통일애국사업으로 매듭짓기를 바라는 마음이었다. 시범관광의 대가성 지원이라면 자신들로서는 뭐라 말할 수 없는 문제였으므로, 남측의 입장이 정리될 때까지 침묵할 수밖에 없었던 것 같다. 자본주의적 시각에서 보면 이상한 현상이다. 북녘을 지원해주겠다는 남측에서 이것저것 합의해달라며 아우성을 치거나 화를 내고, 정작 도움을 바라는 북측은 난감한 표정을 짓고 있고……. 북측이 너무한가? 아니면 남측이 경박한가? 그 판단은 독자들의 몫이다.

광역 지자체 공무원들과 북을 갔을 때였다. 그때도 남측은 무엇을 지원해주겠으니 국제대회에 북의 선수단과 응원단을 보내달라고 했다. 북측은 순수한 지원이 아닌 대가성 지원 합의서에 그런 내용까지는 담을 수 없다고 주장했다. 17회 가까운 실무협의가 있었다. 개성에서, 중국에서, 금강산에서…… 참 많이도 만났다. 과정에서 언성이 높아지기도 했다. 북은 물자부터 지원하고 선수단과 응원단 문제에 대해서는 추후 합의하자고 했다. 그때 나는 중재자의 입장에서 북이 좀 더 부드럽게 말해주면 좋을 텐데 왜 저렇게 언성을 높이는지 안타까웠다. 우리 공무원에게 위로의 말을 했는데, 그때 공무원의 말이 지금도 기억에 남아 있다.

"총장님은 사회단체 활동만 해서 우리 고위관리들이 얼마나 고압적인지 느껴본 경험이 없지요? 북쪽 분들은 우리로 치면 통일부 고위관리들입니다. 우리 지방 공무원들이 중앙 관리들을 만나면 얼마나 깨지는지 모르시죠? 그에 비하면 북측의 태도는 고압적이라고 할 수 없습니다. 그런데 저분들은 자기 권위를 위해서 큰소리를 내는 것도 아니고, 남쪽에 비하면 몹시 순박합니다. 게다가 우리 물자를 받기만 하면 자기의 성과로 남을 텐데, 순수한 인도적 지원이어야 한다며 저렇게 애를 쓰는 것을 보면, 북쪽 관리들이 참 멋져 보인단 말입니다."

● '리설주 학생'이 청년학생협력단으로 인천에 왔을 때의 속사정

2004년 인천에서 개최된 6.15공동선언 4주년 기념 남북공동행사를 계기로 안상수 인천시장은 인천시와 북녘의 경제협력을 꿈꾸었다. 북한 개풍군과 인천을 잇는 평화의 연륙교를 건설해서 인천 경제의 활성화를 모색하고자 했다. 그를 위한 이벤트로 2005년 '인천 아시아육상선수권대회'에 북녘 선수단과 응원단을 초청하는 방안을 모색하기로 했다. 2002년 부산아시안게임과 2003년 대구 하계유니버시아드대회에 참여했던 북녘의 미녀응원단 인기가 좋았고, 시민들의 호응도 높았기 때문이다.

'아시아육상선수권대회'에 북의 참여를 끌어내기 위해서는 인천시가 주도하는 인도적 대북지원부터 고민이 되었다. 물론 이면에는 인도적 지원 과정에서 북녘과의 독자적 파트너십을 만들자는 의중이 깔려있었다. 우리겨레하나되기운동본부의 사무총장이던 나는 이 사업의 중재역을 맡았다. 거의 10개월 가까이 이루어진 오랜 협의 끝에 인천시는 그 당시 평양 거리 정비를 위한 도로포장 원료인 피치를 지원해주기로 하고, 인천시장을 비롯한 대규모 대표단의 평양 방문을 추진했다. 그리고 북의 선수단과 응원단이 인천에 오겠다는 합의서가 작성되었다.

그런데 마지막 실무 절차를 마무리 점검하기 위한 개성 회의에서 북녘은 갑자기 돌발적인 내용을 통고했다. 선수단은 보내주겠는데 응원단을 보내는 것은 취소하기로 결정되었으니 양해를 바란다는 것이다. 며칠 전에 열린 민족화해협의회 지도부의 최종 회의에서 문제가 제기되었는데, 육상선수권대회는 축구와 같은 구기종목이 아니기 때문에 길어봤자 10여 초면 경기가 끝나는데 '무엇을 어떻게 응원하느냐' 하는 결정이 내려졌단다. 응원을 할 수 없는 곳에 응원단을 파견하는 것은 비합리적이며 우스꽝스럽기 때문에 응원단 파견이 취소된 것이다. 전혀 생각지 못했던 반론이 제기되자 그 누구도 답을 내리지 못했다.

그 말을 듣고 나서야 애초에 좀 무리한 측면이 있었다는 것을 생각할 수 있었다. 육상대회에서 화려한 집단 응원이 부자연스럽다는 생각을 왜 처음부터 하지 못했을까? 북녘의 대대적인 방문 효과를 높이자는 생각으로 응원단의 방문을 요청한 것이고, 그 과정에서 워낙 큰 쟁점들을 처리하느라 응원단의 활동이라는 본질적인 내용은 생각지 못했던 것이다. 허를 찔린 듯한 문제 제기였다.

그러나 그런 것을 따지고 있을 상황이 아니었다. 문제 제기가 적절한가 아닌가를 떠나, 어렵게 이루어진 합의가 깨질 경우 엄청난 사태가 벌어질 것이기 때문이었다. 응원단이 오지 않으면 북녘 선수들은 '인천 아시아육상선수권대회'에서 아무런 주목도 받지 못할 것이다. '믿을 수 없는 북'에게 지원까지 해주면서 일을 추진한 인천시장에게 비난 여론이 쏟아질 것은 불을 보듯 빤하다. 다음 지방선거에서 인천시장 재선? 그것도 어려워질 것이고! 앞으로 다른 지자체들의 대북사업에도 좋지 않은 영향을 미칠 것이다.

그뿐인가, 그 파장은 '겨레하나'(우리겨레하나되기운동본부)로서도 감당하기 어려웠다. 북과 그런 결정을 한 당사자는 인천시지만, 인천시는 겨레하나의 협상력에 의지해 일을 추진했고, 협상의 고비마다 겨레하나의 중재안을 받아들이며 거기까지 오지 않았던가. 이 때문에 자칫하면 겨레하나는 대북교류협력 중재자로서 치명적인 손상을 입게 된다. 절대 안 된다. 절대 안 돼! 절대, 절대……

　나는 당장 평양으로 달려가 직접 이 사태의 심각성을 민족화해협의회 지도부에 호소하고, 결정을 바꿀 수 있도록 무엇이든 해야 한다고 생각했다. 같이 있던 인천시 공무원도 새파랗게 질려 내 얼굴만 쳐다보고 있었다. 그러나 과연 한번 내린 결정을 바꿀 수 있을까? 그 결정의 이유가 틀린 것도 아닌데……. 응원할 게 없다는 논점을 어떻게 설득하지?

　서울로 돌아와 겨레하나 회의를 열어 긴 논의를 했으나 별 뾰족한 방법을 찾을 수가 없었다. 결국 '겨레하나의 처지를 봐서 재고해달라'고 호소하는 것으로 입장을 정리했다.

한나라당 시장이 수장으로 있는 인천시가 의미 있는 대북지원을 할 수 있었던 것도 겨레하나의 주장을 받아들인 때문이고, 14차례에 걸친 북녘과의 협의가 결렬될 때마다 겨레하나의 중재로 다시 대화가 이루어졌다. 그러므로 북이 인천시장과의 약속을 깰 경우, 가장 큰 타격을 입을 곳은 겨레하나이다. 북과의 교류협력으로 통일운동을 진척시키기 위해 만들어진 겨레하나에 이렇듯 엄청난 타격을 줄 수밖에 없는가를 묻고, 응원할 게 없다는 결정이 이해되지 않는 것은 아니나 그 여파를 고려해 결정을 번복해 달라.

　이것이 내가 가장 절박하게 북녘에 호소할 수 있는 내용이었다.

　개성에서 결과를 통보받고 닷새 만에 평양에 도착했다. 1주일 내에 민족화해협의회 지도부의 회의가 예정되어 있으므로 그 이전까지는 도착해야 결정을 번복할 마지막 기회를 잡을 수 있다는 민화협 일꾼들의 귀띔 때문이었다. 평양에 간 나는 거의 죽을 듯한 심정으로 민족화해협의회 지도부에 겨레하나의 사정과 관련된 호소를 전했다. 결과를 기다리는 몇 시간 동안 나는 태어나서 가장 긴 시간을 경험한 것 같다. 김 선생이 왔다. 어떻게 되었을까?

"총장 선생, 대단합니다. 총장 선생의 호소가 받아들여졌습니다. 그러나 응원을 할 게 없다는 민화협의 결정을 살려 응원단이 아닌 '청년학생협력단'을 보내기로 했습니다. 북의 결정을 바꾸다니, 겨레하나 대단한 실력인데요?"

이게 무슨 뜻이지? 응원을 한다는 건가, 아니라는 건가? '청년학생협력단'이라니, 그게 뭐지? 감을 잡지 못해 어리벙벙한 내게 김 선생은 말을 이었다.

"'청년학생협력단'은 응원단이 아닙니다. 한번 응원단 파견을 취소한 이상 이것이 번복될 수는 없습니다. '청년학생협력단'이 응원을 하기는 합니다만, 주요 임무는 응원이라기보다는 겨레하나와 협력하여 남북화해협력 분위기를 앞당기는 여러 가지 행사를 하는 것입니다. 우리를 초청한 것이 인천시와 겨레하나이니, 인천시의 육상선수권대회에 북의 참가를 축하하는 축하공연도 하고, 남북 공동 응원도 합니다. 그뿐만이 아니라 겨레하나 청년학생 회원들과 협력하여 연환 모임도 열고, 만찬도 하고, 합동공연도 할 것입니다. 한마디로 '청년학생협력단'은 겨레하나의 호소를 듣고 겨레하나와 협력하기 위해 인천에 가는 것입니다."

와! 그때의 감격이라니……. 이제 살았구나! 마지막까지 할 바를 다하겠다는 결심만 있었지 내심 체념하고 있었는데…… 우리의 호소를 받아들여 주었구나!

그때 북녘에서 보낸 조직이 금성학원 학생들로 구성된 '청년학생협력단'이었다. '청년학생협력단'은 기존에 있던 조직이 아니라 긴급 구성한 모임이라고 한다. 정치는 명분이라고 했던가? 참 절묘한 결정이었다. 응원단을 보낼 수 없다는 결정의 취지는 그대로 살리면서도 인천시와 겨레하나의 입장을 고려하여 훨씬 더 의미가 있는 '청년학생협력단'을 파견한 것이다.

그러면서 북측은 내게 생색(?)을 내는 것도 결코 잊지 않았다.

"총장 선생을 믿고, 금성학원 학생들을 보냅니다. 순수하고 민감한 어린 학생들이기 때문에 혹시 인천에서 공화국과 장군님을 힐난하는 사람들이라도 접하면 감당하지 못할 것입니다. 겨레하나가 책임지고 이 아이들이 상처받지 않도록 해주십시오."

그때 온 '청년학생협력단'에 리설주 양이 있었다. '청년학생협력단'이 인천에 머무는 내내 나는 그 호텔에서 숙식을 같이했다. 내가 할 수 있는 일은 사실 아무것도 없었지만 남측 관계기관원들의

2005년 아시아육상선수권대회에 청년학생협력단으로 참가했던 '리설주 학생'.

북 청년학생협력단과 우리겨레하나되기운동본부 대학생들의 연환 무대.

북 선수단, 청년학생협력단과 우리겨레하나되기운동본부의 만찬(인천).

별의별 눈총을 다 받으면서도 호텔을 지켰다. 그애들을 지켜달라
는 북측과의 약속을 지키기 위해 최선을 다하고 싶었기 때문이다.

인천 아시아육상선수권대회는 무사히 잘 치러졌다. 청년학생
협력단의 응원은 생동감 있었고, 두 번의 축하공연도 성대했다. 무
엇보다 행복했던 것은 '겨레하나'와 '청년학생협력단'의 연환 무대
였다. 남북의 청년 학생들이 인천전문대의 캠퍼스에서 함께 노래
하고 춤추고 도시락을 먹으며 어울려 놀았다. 우리 생애의 가장 행
복했던 순간! 남쪽 땅 한복판에서 이처럼 자유롭고 신명 나는 통일
축제가 또 벌어질 수 있을까? 남북공동행사와 같은 의전도 없었고,
딱딱한 연설도 없었고, 격식도 없었다. 남북의 미래인 청년 학생들
이 함께 추는 춤이야말로 앞으로 어쩌면 또다시 기대하기 힘든 감

격적인 장면이 아니었을까? 그때 도시락과 함께 먹은 맥주 탓인지, 나는 연신 눈물이 흘렀다. 이런 장면을 보려고 그렇게 마음을 졸였었나 보다! 이런 걸 '전화위복'이라고 하는가 보다!

그 뒤 행사를 마치고 겨레하나가 다시 평양에 갔을 때, 북측은 우리를 금성학원으로 초청하여 겨레하나를 위한 특별공연을 마련해주었다.

2부

북녘 사람들이
살아가는 이야기

1. 북녘은 인권 문제를 어떻게 다루고 있나?

⁝ 여행의 자유는 북녘에서도 인간의 기본권이다

북녘사회를 '비호감'이라고 하는 대표적 이유 중 하나가 자유로운 여행이 금지된 감옥 같다는 것이다. 하지만 북녘도 '여행과 거주이전의 자유'를 인간의 기본권으로 헌법에 보장한다. (북 사회주의 헌법 제5장; 공민의 기본 권리와 임무 제75조, 공민은 거주, 려행의 자유를 가진다.)

따라서 공민이라면 누구나 여권을 발급받을 수 있고, 국내는 물론 해외여행도 갈 수 있다. 앞으로 북의 경제사정이 좋아지면 해외여행을 많이 다닐지는 두고 볼 일이다. 현재 북녘의 경제가 해외여행을 즐길 만큼 좋지는 않지만, 친척 방문과 비즈니스 여행은 어렵지 않다. 북녘같이 '고립된 나라'에서 외국에 사는 친척이 얼마나 되겠느냐며, 별 의미 없다고 하는 분들도 있다. 하지만 북녘은 중국에 친척들이 많다. 압록강과 두만강 국경 지역에서는 이웃 동네 '마을' 가듯이 드나든다.

북에서는 여행증명서를 발급받아야 한다든지, 식량표가 있어야 한다든지, 절차상의 번거로움 때문에 실제로는 여행의 자유가 없다고 말하는 사람이 많다.

지구상의 모든 사회는 여행의 자유를 보장하지만, 그것이 완벽하게 보장되어 있는 나라는 없다. 국내외 여행에는 필요한 절차가 따르기 마련이다. 북녘의 경우, 도내에서는 공민증만 가지고 다닐 수 있지만 멀리 출장을 갈 경우 미리 여행증명서를 받아야 한다. 그렇다고 해서 이것을 자유여행을 막는 장치라고 할 수는 없다. 말하자면 북녘사회의 여행증명서는 우리가 출장을 갈 때 회사로부터 출장명령서와 비용을 받는 것과 비슷한 절차다. 북녘사회가 '상시 전시상태'에서 살고 있는 점을 고려하면 그리 불합리한 일도 아니다. 우리나라의 경우에도 비무장지대 등 특수한 곳에 갈 때는 사전에 관련기관의 승인을 받지 않는가.

우리는 휴가 때 주로 여행을 다니지만, 북녘 사람들은 대부분 휴가를 김장이나 결혼식 등 집안의 대소사에 쓴다. 여행은 기업소마다 있는 휴양제도를 이용해서 1주일씩 백두산·묘향산 등을 단체로 떠나곤 한다. 혼자서 가는 여행은 재미가 없다고 생각하기 때문이다. 기업소별 휴양제도에 대해서는 휴가에 관한 부분에서 다시 설명하기로 한다.

✺ 북녘 사람들이 남쪽에 와도 여행의 자유는 없다

북녘의 '여행의 자유'에 대하여 궁금해하는 이유 중 하나는 북녘에 가게 되더라도 유럽처럼 자유롭게 다니고 싶기 때문일 것이다. 실제로 북녘은 외국인들에게도 패키지 관광만 허용한다. 개별적으로도 여행을 신청할 수 있지만 북녘 안내원 두 사람과 미리 코

스를 예약하고 동행해야 한다.

사업 협의차 평양에 간 사람들도 자유로운 평양 관광을 기대한다. 평양에 도착하기 전에는 어딘가 가고 싶다는 생각을 할 겨를도 없다가 급한 볼일을 보고 나면 가보고 싶은 곳이 떠오른다. 그제야 방문 혹은 관광이 가능한지 묻지만, '미리 협의되지 않은 곳은 갈 수 없다'는 답을 듣는다. 그러면 북녘은 여행의 자유가 없다고 생각한다. 그럴 때 나는 '북쪽 사람들이 남쪽에 와도 자유롭게 다닐 수 없다'는 사실을 알려준다.

북녘 사람들이 서울에 오면 관광은커녕 호텔 안에서도 자유롭지 않다. 북녘 손님들이 묵는 호텔 객실마다 검은 양복을 입은 국정원 요원들이 지킨다.

예전에 남쪽에서 8.15민족공동행사를 할 때 우리 진행자들끼리 '물 반 고기 반이라더니, 행사 참가자 반 국정원 요원 반'이라는 농담을 하곤 했다. 북녘 사람들을 만나려 해도, 정해진 시간에 국정원의 허락을 받은 사람만 가능하다. 호텔 주변에는 반북 구호가 요란한 현수막이 걸려있고, 돌발 집회가 언제 열릴지 몰라 식당을 가기도 힘들다. 심지어 국제대회에 참가한 북 선수단이 장기 체류하면서 호텔 식사가 입에 맞지 않아 고생하는 경우도 보았다. 간식을 싸 들고 찾아가면 호텔 측에서 막아선다. 외부 반입 음식을 먹고 탈이 나면 안 된다는 이유를 대지만, 내가 보기에는 호텔 식당의 매상과 관련이 있는 것 같다.

이처럼 남북이 서로 자유로운 관광을 하지 못하는 이유는 정치적 긴장과 사회적 갈등 때문이다. 미국과 국제사회가 북을 개혁 개방시키기 위해 갖은 방법을 동원하고 있는 상황에서 북측은 해외 관광객이라 해도 아무 지역이나 마음대로 다니도록 방치할 수 없다. 그럼에도 불구하고 내가 북에 모시고 갔던 무수한 남쪽 사람들은 이것을 가장 납득하기 힘들어 하고, 남쪽에 돌아와서도 북녘에 여행의 자유가 없다는 불만들을 털어놓는다. 하지만 이런 불만을 제기하기 전에 먼저 남북의 정치적 긴장과 갈등 해소 방안부터 찾아야 한다.

• 남쪽 손님맞이를 준비하는 북녘 풍경

북을 갈 기회가 있으면 희망 참관지를 미리 협의하는 것이 좋다. 관광지나 역사 유적지는 휴관일만 아니면 언제든 갈 수 있지만 공장, 학교 등의 방문은 과정이 복잡하다. 북녘 안내원이 미리 가서 의논한 후 방문 여부를 결정한다. 학교는 방학 중이라 어려웠던 경우가 많고, 기업소는 바빠서 남쪽 분들의 방문을 부담스러워한다.

예전에 북녘 경제가 한참 어렵던 시절, 어느 언론사가 취재차 맥주공장에 갔는데 종업원들이 새로 산 뾰족구두를 신고 있었다고 한다. 그것을 본 기자들이 북의 보여주기식 행정을 조롱했다. 물론 촌스러운 일이다. 그런데 북녘의 공장 지배인이 왜 그런 상황을 연출했을까를 한번 생각해보자. 종업원들이 남루하면 남쪽 언론에서 얼마나 비웃을지 걱정되었을 것이다. 옷은 일괄적인 작업복이라

신경 쓸 것 없지만 신발이라도 변변히 신기려면 얼마나 법석을 떨었을까? 촌스러운 행동일지 몰라도, 자존심을 최대한 세우려는 안타까운 마음은 이해할 수 있다.

북측의 안내원들은 손님이 원하는 곳을 한 군데라도 더 갈 수 있도록 온갖 고생을 한다. 그런 속사정을 아는지 모르는지, 남쪽 손님들은 평양까지 왔는데 못 가는 곳이 너무 많다며 '여행의 자유'를 운운한다. 세계 어느 곳이든 그 사회를 존중하고, 그곳 사람들의 삶의 모습을 배우는 것이 진정한 여행의 의미가 아니겠는가.

⦙ 또 하나의 기본권, 인간의 쉴 권리

여행 이야기를 하다 보니 북에 휴가는 제대로 있는지 궁금할 것 같다. 북의 휴가는 우리의 연차휴가와 대체로 비슷하다. 모든 근로자가 정상적인 월급을 받으며 14일의 연차를 쓸 수 있다. 연차를 쓰지 않으면 일한 일수만큼 월급을 더 받는다. 다음 표에서 '보충 휴가'가 있는 곳은 어렵고 힘든 부문, 즉 광산 등 노동 강도가 강한 곳이다. 북에서는 광산 노동자들에게 교수나 전문직보다 훨씬 높은 생활비를 준다.

북에는 우리에게는 없는 특이한 제도가 있다. 휴양과 정양제도인데, 정양은 큰 질병은 없지만 적정 휴식을 취하는 것이 필요하다고 보는 경우다(병가와는 다르다). 휴양은 건강한 사람들의 재충전 제도다. 기간은 평균 보름 정도이며 비용은 국가 부담이다.

북의 휴가제도(노동법으로 보장) 생활비 100% 지급		
종류	정기휴가 (모든 근로자 연간 14일)	보충휴가 (어렵고 힘든 부문 7~21일)
	모든 기업소, 취직 11개월 만에	정기휴가를 쓴 다음에 받을 수 있음.
	휴가 반납하고 출근할 경우, 3개월 평균임금을 노동일자로 나누어 14일간의 임금을 가산해줌.	
사결	법정휴가 외, 개인의 사정에 따라 허락을 받고 쉴 수 있으나 생활비는 공제됨.	

자료 출처: 『북녘 사람들은 어떻게 살고 있을까?』(선인출판사)에서 인용 및 수정

지역 인민위원회, 기업소 등에서 운영하는 휴양소에 머물며 관련 전문분야 공부를 할 수도 있고, 체육시설, 영화와 음악회 등 자체 프로그램도 있다.

또 휴양소별로 단체로 평양의 유명 식당이나 역사박물관, 음악회를 가기도 한다. 옥류관은 한꺼번에 1만 명을 수용할 정도로 큰 규모임에도 그 앞에는 언제나 길게 줄을 선 사람들과 단체버스를 볼 수 있다. 아마 지방에서 올라온 휴양소별 단체손님인 듯하다. 물론 휴양소는 누구나 갈 수 있는 것은 아니다. 100명 규모의 직장의 경우 분기별로 두세 명이 배정된다고 하는데, 공로가 있는 사람에게 우선권이 주어진다. 휴양권을 배정하는 곳은 직업총동맹에 속한 공장 직업동맹이다. 농한기에 지역의 작업반장/조장들이 입소하여 농업에 관한 경험을 공유하거나 생산력 향상 연구토론회 같은 행사도 겸한다.

북의 휴양제도(포상의 의미)		
종류	정양	휴양
의미	질병은 없으나 건강증진	건강에 이상이 없는 사람
기간	5일, 15일, 20일, 30일로 구분(대개 15일)	
배정권	조선직업총동맹, 조선농업근로자동맹, 조선민주여성동맹	
배정범위	100여 명 직장의 경우, 분기마다 2~3명	
노동자	통상 5월부터 입소	기간산업·경공업·지방공업의 모범근로자, 과학자 및 가족
	영화 감상, 신곡과 군중무용 배우기, 등산, 보트 타기, 야유회, 해수욕	
농업 근로자	농한기(12~2월)	우수농민 순, 나이 순, 작업반장 조, 분조장조, 청년동맹원조 등
	휴양소 인근 혁명사적지·전적지 참관 및 답사, 영화관람, 무도회, 예술공연, 오락, 체육, 뱃놀이, 농사경험토론회 (직책별 조의 경우)	

자료 출처: 『북녘 사람들은 어떻게 살고 있을까?』(선인출판사)에서 인용 및 수정

북의 휴양소(남한의 콘도와 비슷하나 힐링 서비스와 결합)		
종류	가족휴양소, 농민휴양소, 군인휴양소, 근로자의 계층별 휴양소	연합기업소 차원
사례	대동강휴양소, 묘향산가족 휴양소, 고방산휴양소, 김정숙휴양소, 갈마휴양소	북창화력발전연합기업소, 룡성기계연합기업소, 단천제련소, 흥남비료연합기업소
시설	목욕탕, 한증탕, 오락시설, 체육시설, 식당, 무료 편의시설 (오전 6시~밤 10시)	
고방산 휴양소	평양 대성구역, 안학동, 전국에서 선발된 노동자 농민들의 여름휴양소. 만수대언덕, 대성산 혁명열사릉과 혁명사적지 방문, 혁명가극이나 영화 감상, 평양 시내 유명식당에서 서비스를 받으며 다채로운 체육경기와 오락	

피서지	원산시 주변, 송도원해수욕장과 명사십리, 송도원 국제소년단 야영소
원산지역 휴양소	명사십리 인근의 갈마반도에 군인과 근로자를 위한 휴양소 (침실, 체육관, 도서실, 식당, 오락장, 한증탕, 이발실, 미용실 등 각종 문화 편의시설 구비)
각도 휴양소	함흥 마전해수욕장, 만경대 룡악산, 칠보산, 평남 연풍호, 평북 만풍호, 사리원시 정방산, 황남 구월산, 개성 박연폭포 주변 등 각 도에 현대적인 휴양소

자료 출처: 『북녘 사람들은 어떻게 살고 있을까?』(선인출판사)에서 인용 및 수정

⦂ 거주이전의 자유가 무제한 보장된 곳은 지구촌 어디에도 없다

사람들이 북녘을 '통제사회'라고 보는 또 다른 이유는 거주이전의 자유가 없다는 것이다. 그런데 물어보자. 우리는 거주이전의 자유를 완벽하게 보장하는가? 남쪽에서는 돈이 있어야 거주이전의 자유가 보장된다. 집 없는 서민들에게 '거주이전의 자유'란 전셋집이나 월셋집에서 쫓겨날 자유에 더 가깝게 들린다.

북녘도 거주이전의 자유를 헌법으로 보장하지만, 전제는 '돈'이 아니라 '직장'이다. 직장이 평양에 있으면 평양 근처에 살림집을 받는다. 주택이 모자라 집이 나올 때까지 신혼부부가 부모님 집에서 사는 경우도 있지만, 기다리면 해결된다. 새 아파트가 지어지면 독립유공자나 공훈자들부터 입주한다. 직장별로 할당이 내려오면, 직장에서 토론하여 입주 순서를 정한다.

최근 평양 여명거리에 화려한 고층아파트가 지어지면서, 일

부 자본을 댄 전주들에게 입주권을 배정할 수 있게 되었다는 말도 들리지만 이는 대세가 아니다. 북녘이 고난의 행군이라고 부르는 시절, 즉 국가가 경제 전반을 통제할 수 없었던 시절에 다양한 방법으로 돈을 번 전주들이 있을 수 있다. 이들의 여유자금을 국가적 차원의 건설에 필요한 자금으로 활용하는 것은 사회주의 경제 전반을 복원해 가는 과정으로 보는 것이 합리적이지 않을까? 평양 시민들이 더 좋은 새집에 살고 싶어 하는 것은 당연한 희망이지만, 집을 살 수는 없다. 따라서 나라의 경제가 더 좋아져서 현대화된 아파트가 많이 생기고, 자기에게도 차례가 돌아오기를 기다려야 한다.

남북의 '주거권'에 대한 핵심 차이는 '거주이전의 자유'가 아니다. 남쪽에서는 주택이 투자 대상이지만, 북쪽의 주택은 재산과는 연관 없는 주거 공간이다. 북에서 주택은 살[買] 곳이 아니라 사는[住] 곳이다. 평양에서 주택은 개인의 재산이 아니라 나라의 것이며, 거주자는 전기세 등 약간의 사용료만 내면 된다.

남쪽에서는 '주택이 공짜'라는 말이 잘 상상되지 않는다. 심지어 임대주택도 무료가 아니지 않은가. 몇십 년 임대료를 내면 내 집으로 전환된다는 꿈을 꾸면서 덜 먹고 덜 입고 덜 자면서 허리띠를 졸라맨다. 남쪽에서의 '내 집 마련'은 서민이 중산층이 된다는 희망이자 성공의 잣대이다.

그러나 '재산으로서의 주택'은 부동산 투기를 방치할 수도 없고, 주택문제를 해소할 수도 없으며 서민이 중산층이 될 수 있다는 희망의 동아줄도 아니다. 투기꾼이 있는 한 서민들의 안정적인 주거권은 실현될 수 없다. 안정적인 주거공간을 확보하기 위해서는 피나는 노력을 기울여야 하고, 허름한 지하 셋방을 찾아 허덕이며 살아야 한다.

얼핏 돈이 모든 것을 결정하는 방식이 합리적인 듯이 보이지만, 필연적으로 수많은 불합리를 낳는다. 언론에 소개된, 옥탑방도 어려워 물류창고에서 생활하는 서울의 젊은 청년들 모습이 남 얘기 같지 않아 마음이 아프다. 돈이 아니라 집단의 판단을 앞세우는 북과의 차이에 대해서 한번쯤 생각해볼 일이다.

인간의 모든 욕망을 보장할 수 있는 나라는 지구상에 없다. 지구의 재화는 제한되어 있다. 인간의 욕망과 기본권을 실현하는 방식에서 사회마다 기준과 실현방식이 다를 뿐이다.

⋮ 집단주의, 공동체주의, 개인주의, 전체주의

북녘 헌법에서도 인간의 기본권을 보장하는데, 그 기본권을 행사하는 방식이 '집단의 판단'이다. 이쯤에서 집단주의가 무엇인지 궁금할 것이다. 집단주의를 한마디로 표현하는 구호가 바로 '하나는 전체를 위해 전체는 하나를 위해'이다. 말은 그럴듯하지만 이걸 어떻게 실현하겠다는 것인지 잘 와 닿지는 않는다. 우리 국어사전에서 '집단주의'를 찾아보니 '각 개인끼리 모여서 상호 협력하여 사회생활을 영위하는 사회학적 원리이며 개인주의의 반대어'라고 적혀 있다. 역시 애매하다. 공동체주의와는 어떻게 다른지, 집단과 개인의 이익의 상호관계를 어떻게 보는지에 대한 설명이 없다. 북쪽의 정의를 찾아보자.

"집단주의란 한마디로 말하여 개인의 이익보다 집단의 이익을 더 귀중히 여기는 사상이라고 한다. 집단의 생명, 집단의 이익을 더 우위에 놓고 집단의 이익과 개인의 이익을 일치시키며 국가와 사회의 이익 속에서 개인의 이익을 실현해 나갈 것을 요구한다."

이 정의대로라면 집단의 생명과 이익을 위에 놓고 생각하면서 개인의 이익을 그에 복무시켜 추구할 때 '하나는 전체를 위해 전체는 하나를 위해'가 실현된다는 말인 듯하다.

개인주의도 상호협력을 반대하는 것은 아니라고 반론을 펴실 분들을 위해 보충설명이 필요하다. 개인주의와 집단주의는 '무엇을 우선시하는가'에 따라 갈라진다. '개인을 우선시하며 상호협력을 말하는가 아니면 집단을 우선시하며 개인의 이익을 결합시키는가' 이 차이라는 뜻이다. 개인의 이익을 더 앞세우는 개인주의 사회는 필연적으로 적대적 경쟁을 낳고, 경쟁의 조건을 유리하게 확보하기 위한 특권의식과 탐욕을 낳기 마련이다. 또 개인주의 사회에서는 집단의 이익을 앞세우면 손해 보지 않을까 전전긍긍하게 된다. 사회가 모두 각자의 이익을 추구하는데, 혼자서만 집단의 이익을 앞세운다면 바보 취급을 받게 되므로 당연한 일이다.

이번에는 집단주의가 전체주의와 비슷하다고 생각하는 분들을 위해 차이를 설명해야겠다. 전체주의는 '개인은 민족, 국가와 같은 전체의 존립과 발전을 위해서만 존재한다는 이념으로 개인의 자유와 권리를 억압하고 정부나 지도자의 권위를 절대화하는 정치사상 및 정치체제'이다. 전체주의로는 집단의 실질적 협력과 단결을 보장할 수 없다. 서로를 존중하는 분위기가 없는데 어찌 마음에서 우러나오는 단결을 보장할 수 있겠는가.

반면 집단주의는 개인의 자유와 권리를 억압하지 않는다. 집단주의는 집단의 이익을 앞세우되 개인의 자유와 권리를 철저히 보장한다는 점에서 전체주의와 조금도 비슷하지 않다.

2. 진짜 궁금한 북녘 사람들이
   먹고사는 법, 사회주의 경제

: 북녘에서 노동자란?

사람들이 북녘사회에 대해서 '자유권'보다 더 궁금해하는 것은 먹고사는 문제, 즉 경제 문제이다. 자본주의 사회는 자본이 있어야 회사가 생기고, 일자리가 창출되며, 사회가 돌아간다. 그래서 자본가가 없는 북녘사회에서는 국가가 자본가 역할을 대신하는 것으로 생각하고, 국가 관료들이 경제를 좌우한다고 느낀다. 그런 사회는 경쟁이 없기 때문에 경제가 발전할 수 없고 가난을 면할 수 없다는 확신을 갖고 있다.

북녘 경제에 대해 말하기 전에 먼저 북녘사회에서 공장 지배인(사장)이 노동자를 어떻게 대하는지, 내가 경험한 사례부터 말하고자 한다. 평양 룡성구역 장류 공장 기계설비를 지원할 때였다. 기계가 다 들어가고, 시공을 맡은 기계회사 사장님과 마지막 점검차 방문을 했다. 삶은 콩 함지를 어깨에 메고, 철계단(약 2m 높이)을 올라가 분쇄기에 쏟아 붓는 부분에서 북녘 공장 지배인이 물었다.

"에스컬레이터 설비는 없던데, 설치하지 않습니까?"

삶은 콩을 등짝에 메고 계단을 올라가면 노동자의 허리가 다칠 수 있는데, 그에 대한 대책을 세워야 한다는 뜻이었다.

　우리 기계공장 사장님은 '허걱!' 하며 잠시 할 말을 잃었다. 남쪽 웬만한 대기업 장류 공장도 그런 설비는 없다고 했다. 지배인은 눈을 끔벅거리며 당연한 설비라 들어올 줄 알았는데, 남쪽에 그런 시설이 없다니 노동자의 허리가 무사하냐고 묻는다. 남쪽에서는 생소한 것이 북쪽에서는 당연한 문제였다니…….

　한번도 생각해보지 않았던 문제였다. 경비를 더 마련할 방법도 없었다. 나는 북녘 지배인의 말의 진의를 곰곰이 생각하기에 앞서 짜증부터 났다. 그때 기계설비 공장 사장님이 슬며시 나를 부르더니 '내 돈을 들여서라도 해주고 싶다'고 귀띔했다. 기계설비 공장 사장님은 지원을 하는 지자체의 요청대로 기계를 제작했기 때문에

우리겨레하나되기운동본부가 안성시와 진행한 평양 룡성구역 장류 공장 시설 점검.

에스컬레이터 설치에 부담감을 느낄 필요가 없었다. 그럼에도 선뜻 개인 자금을 들여서 에스컬레이터를 설치해주겠다고 자청한 것이다. 순간 의아해하는 나에게 그는 뜻밖의 말을 해주었다. 자기는 작은 기계회사 사장이지만, 공장에서 잔뼈가 굵은 노동자 출신이라고 했다. 그런데 노동자의 허리를 걱정해주는 공장 사장은 처음 보았다는 것이다. 지금은 사장 소리를 듣지만 젊은 시절 노동의 고달픔과 아픔이 고스란히 느껴졌다.

나는 더 망연자실해졌다. 운동권 출신이라는 나는 노동자의 고통에 무감각했는데, 기계설비 사장님은 북녘 노동자가 남녘 노동자와 어떻게 다르게 대우받는가를 피부로 느끼셨구나! 이 작은 사건을 통해 나는 북녘사회에서 노동자가 어떤 존재이며 사회적으로 어떤 대접을 받고 있는지 새삼스럽게 느꼈다. 북녘사회에서는 공장 지배인의 제일 중요한 덕목이 노동자를 공장의 주인으로 내세우는 데 있다고 하던데, 이 작은 일을 통해 그 말의 참 의미를 느낄 수 있었다. 북녘사회에서는 공장 지배인이 노동자의 마음을 먼저 살피고, 인화단결을 이루지 못하면 생산력 향상도 불가능하고 공장 경영도 불가능하다고 한다.

⁝ 남과 북의 차이점 첫 번째: 자본주의적 경쟁과 사회주의적 경쟁의 차이

사회주의는 국가에서 일괄적으로 똑같이 임금을 줄 거라고 생각한다. 그러나 북이 완전한 국가배급제, 즉 '같은 직종의 경우 무조건 똑같은 생활비를 지불하는 정책'을 바꾼 지는 오래됐다. 평등주의를 기계적으로 적용했더니 오히려 평등의 의미를 훼손했다는 판단 때문이다. 원래 사회주의는 노동의 질과 양에 따라 분배를 하는데, 평등의 의미를 과대하게 해석해 기계적으로 적용한 것이다.

그렇다고 노동자의 개별능력에 따른 성과급을 앞세우는 것은 개인주의를 낳고, 기업과 사회의 집단적 발전을 저해하게 된다. 더 좋은 성과점수를 받기 위해 관리자에게 뇌물을 줄 수도 있고, 그렇게까지는 아니더라도 다른 동료보다 더 많은 성과점수를 받기 위해 단결해서 일하고 싶은 마음이 줄어들 것을 쉽게 추론할 수 있다.

북녘에서는 다른 사회주의 나라들의 이런 폐해를 보면서, 개인주의적 경쟁이 아닌 기업과 협동농장들의 집단적 경쟁으로 정책을 발전시켰다. 그러면 집단적 경쟁은 어떤 방식으로 이루어지는가? 국가는 각 기업소에서 만든 제품의 질을 보면서 수매액과 수매량을 결정한다. 또 국가에 수매하고 남은 제품은 기업소별로 일반 상점에서 시판을 할 수 있는데, 제품의 질과 양에 따라 타 기업소의 물건과 경쟁이 될 수밖에 없다. 화장품의 예를 들어보자. 상점에 가면 신의주에서 만드는 '봄향기' 제품과 평양에서 만드는 '은하수' 제품의 경쟁이 치열하다. 같은 경쟁이지만 자본주의 사회와 다른 점이 있다. 노동자들이 기업소별로 단결 혁신하여 경쟁하며 성과도 집단적으로 누린다는 점이다.

자본주의 사회에서 회사의 이윤은 자본가의 것이다. 자본가가 이윤을 많이 얻기 위해서는 월급을 최대한 적게 주고 많은 노동력을 뽑아내야 한다. 또 자본가들은 기술을 혁신하기 위해 전문가를 고용하거나 아니면 로열티를 주고 외국에서 기술력을 수입하기도 한다. 이 비용은 노동자의 임금을 줄이거나 세금을 감면받아 해결하므로 노동자의 혁신과는 관련이 없다.

이처럼 자본주의 기업은 인화단결에서 근본적 한계가 작동한다. 노동자가 회사의 주인이라는 자세로 일하고 싶어도 결국 사장소유라는 벽에 부딪친다. 사장은 노동자 임금을 적게 주고 더 효율적으로 관리하는 것이 이윤을 많이 내는 길이므로 노동자의 입장과는 상반된다. 사장이 노동자들에게 회사의 주인다운 입장을 가지고 일하자는 얘기는 결국 허리띠를 더 졸라매고 뼈 빠지게 일하라는 채찍질로 들리기 마련이다.

반면에 사회주의 기업에서는 노동자와 기업소(공장) 지배인 사이에 이러한 이해관계의 대립이 없다. 노동자들이 기술혁신을 이루고 열심히 일하면 기업소가 많은 이익을 내게 되고, 그것은 노동자에게 돌아온다. 노동자가 전문성도 없는데 어떻게 기술혁신을 이루느냐고 하겠지만, 북은 공장별 대학이 있고 평생 직종별 전문교육체제가 갖추어져 있다. 예전에는 성과에 상관없이 동일 업종 노동자의 생활비를 동일하게 책정했지만 지금은 기업별 성과에 따라 돌아가는 몫이 다르다. 이것이 남과 북 기업의 첫 번째 차이이다.

기업소 지배인과 기사장, 당 비서, 모든 일꾼들이 단합과 혁신을 이루면 기업소 이득금도 자연스럽게 올라갈 것이며, 생활의 질도 높아진다. 낙후한 기업소는 국가 차원에서 최소한의 생활은 보장하겠지만, 윤택한 삶을 기대할 수는 없다. 북에서도 좋은 당 비서, 지배인, 기사장을 만나면 단합과 혁신을 이루어 잘 살 수 있지만 그렇지 않은 경우도 많이 있는 듯하다. 그러므로 개인의 능력이 아무리 뛰어나도, 인화단결을 앞세우지 않으면 전체의 발전에 기여할 수 없다. 위의 장류 공장 지배인 사례처럼 무엇보다 노동자의 고충을 먼저 생각하는 기풍이 정착되게 된다.

참고로 기업소에서는 이윤의 7%를 근로자 퇴직 이후 대비금으로 비축한다고 한다. 실업자에 대해서도 하루 300g의 식량(근로자 1일 배급량 700g)을 국가가 보장하고 있다. (참고로 쌀 100g은 한끼 식사량인 밥 한 공기에 해당한다.)

⁝ 남과 북의 차이점 두 번째: 회사의 주인은 누구인가

남녘에서 회사의 주인은 노동자가 아니라 자본가이며, 자본가가 회사 경영의 모든 것을 결정하고 노동자는 거의 참여할 수 없다. 또한 회사에서 창조해낸 이윤은 대부분 자본가의 차지가 된다. 반면 북녘에서는 노동자가 회사의 주인이며, 회사의 경영에 관련된 모든 것들은 노동자의 자주적 요구와 의사에 따라 결정한다.

하지만 공장의 경영에 관한 모든 결정을 사사건건 노동자들의 표결로 결정할 수는 없다. 그렇기 때문에 북녘에서도 기업의 경영관리를 책임지는 사람이 필요하며, 이 사람을 공장 지배인이라 부른다. 그러나 공장의 지배인 역시 독단적으로 모든 것을 결정할 수 없기 때문에 공장의 의사결정 체계가 존재한다. 일상적으로는 공장 지배인과 기사장, 당 비서 3인이 논의해서 결정하며, 중요한 결정은 공장 당위원회 회의와 같은 집단적 의사결정 기구에서 토론해서 결정한다. 이것을 북에서는 대안의 사업체계라고 부른다. 제품 생산에 관련된 기술적 문제들은 기사장이 맡고, 지배인은 공장의 경영과 운영에 관한 모든 것을 책임진다. 특히 후방공급 문제는 지배인의 핵심적 임무에 속한다.

후방공급이란 기업소 종업원과 가족들의 생활을 위한 제반 대책을 종합적으로 수립하는 일이며, 공장을 짓는 일과 동시에 시

급수별 1일 식량공급량		
급수	공급량	대상자
1급	900g	유해직종 종사자, 중노동자
2급	800g	탄광, 광산 운반공, 중장비 운전자
3급	700g	일반 노동자
4급	600g	대학생, 연로보장 공로자, 환자
5급	500g	중학생
6급	400g	소학생
7급	300g	연로보장자, 전업주부, 유치원생
8급	200g	1~4세
9급	100g	1세 미만의 유아
탄생전	50g	태아

자료 출처: 통일부 통일교육연구원

작한다. 북이 자랑하는 세계 최대의 세포등판 목장을 지을 때도 근로자들의 주택을 짓는 일을 가장 먼저 시작했다.

대안의 사업체계의 한 축인 당 비서의 역할은 무엇일까? 당 비서는 사업이 당의 의도와 정책에 맞게 집행되는지 살피고 정치적으로 지도한다고 한다. 이 말은 어떤 뜻일까? 당의 의도와 정책이란 달리 말하면 노동자의 요구와 이익을 대변하는 것이며, 노동자가 공장의 참된 주인이 되도록 하는 것이다. 또한 정치적으로 지도한다는 것은 노동자가 공장의 주인 노릇을 실제로 할 수 있도록 이끌어준다는 뜻이다.

당 비서는 공장의 행정과 운영 문제를 직접 결정하지 않는다. 생산, 경영, 후방까지 전체적인 실정들을 살피고, 당 차원에서 도울 방안을 찾는 것이 그 역할이다. 북쪽 영화를 보면, 공장의 경영과 기술적 문제들에 대해서는 지배인과 기사장이 자기의 권한과 책임으로 밀고 나가고, 당 비서는 대중 속으로 들어가 문제를 중층적으로 파악하고 대책을 고민하는 모습이 많이 나온다.

기업의 노동자들이 실제로 기업의 의사결정에 주체적으로 참여하는지를 궁금해하는 분들이 많다. 위에서 본 것처럼 일상적인 경영상의 판단, 기술적인 판단이야 지배인과 기사장이 하지만, 회사의 큰 정책기조에 대한 판단은 기업소 당 비서의 주재하에 당 위원회에서 하게 된다. 이 회의에는 지배인, 기사장뿐 아니라 근로단체(직업동맹, 청년동맹) 대표, 근로자 대표, 기술자 대표들이 모두 참가한다. 또 각 공장별로 노동자들이 참여하는 다양한 회의들을 개최하고, 노동자들의 의사를 반영해서 공장의 운영 전반을 결정해 나간다. 이처럼 공장 노동자들은 자신들의 이익을 대변하는 자신들의 정당, 직업동맹과 같은 대중단체를 건설하고, 이를 통해 공장의 경영과 운영에 참여한다. 북녘에서 말하는 대안의 사업체계란 노동자가 공장의 주인으로 참여할 수 있는 구체적 방안이다.

⦂ 남과 북의 차이점 세 번째: 월급과 생활비의 차이

자본주의 사회에서는 회사가 노동자에게 임금을 주고 그 임금으로 모든 생활을 해야 한다. 임금이 아무리 적어도 다른 대안은 없다. 해고되고 실업이 장기화되어도 마찬가지이다. 인간으로서의 최소한의 삶의 안전망은 턱없이 부족하다. 반면에 사회주의 국가인 북녘에서는 기업소에서 주택과 교육, 보육, 문화, 식료품 등 최소한의 생활 전반을 보장해준다. 이 점이 남과 북의 차이이다. 즉 남녘의 노동자들은 생활에 필요한 모든 비용을 임금으로 해결해야 하지만, 북녘의 노동자들은 기본 생활을 국가와 공장에서 대부분 보장해준다. 북에서의 생활비는 경조사 아니면 아직은 일반화되지 않은 고급 생활용품의 구입비, 의복 구입비, 문화생활비 등 생활을 윤택하게 하는 비용이라는 점에서 자본주의의 임금과 개념이 다르다.

노동자의 생활을 보장하는 일을 후방사업이라고 하는데 "사회의 모든 성원들이 자기의 초소에서 맡은 일을 더 잘할 수 있도록 그들의 먹고 입고 쓰고 사는 문제를 잘 보살펴주고 생활상 편의를 돌보아주는" 내용으로 기업소별로 담당한다. 군인은 인민무력부 산하 후방총국에서 담당하고 있다. 기업소가 후방사업을 어떻게 주도하는지 2013년 6월 언론에 발표된 평안남도 안주시 남흥청년 화학연합기업소의 사례를 보자.

후방사업은 그 포괄범위가 매우 넓고 다양한 전투형식 …… 종업원들의 먹는 문제를 해결하기 위한 사업 하나만 보아도 거기에는 식량, 남새, 고기와 알 생산으로부터 기지 건설과 정상적인 운영, 공급체계를 세우는 문제를 비롯하여 생산과 건설, 경영 등의 복잡한 문제들이 수없이 얽혀 있다. …… 알곡 수천 톤을 생산할 수 있는 수백 정보의 농경지, 방대한 면적의 태양열 온실과 많은 남새를 생산할 수 있는 수십 정보의 남새밭, 각종 고기의 많은 건사료를 생산할 수 있는 축산기지, 기초식품 생산기지, 여러 척의 고깃배를 가진 수산기지, 여러 정보의 과수원, 자체로 살아나갈 수 있는 여러 생산기지들, 2,500여 세대의 살림집과 현대적인 문화후생시설들 …… 어떤 조건에서도 끄떡없이 종업원들의 물질문화 생활을 공고하게 담보할 수 있도록 전망적으로 타산되고 단계별로 실현되어 온 기업소의 자체 생활토대다.

3. 북녘 생활의 변천사,
내가 본 김정은 시대까지

⁑ 북 국가적 빈곤의 시작, 고난의 행군

북녘의 시장 사진이 종종 보도되면서, 언론은 그 모습을 사회
주의 계획경제의 후퇴 또는 포기의 증거로 선전한다. 이는 사실이
아니다. 북은 집권 초기부터 시장을 국영 및 협동농장 사업을 보완
하는 형태로 보았다. 즉 시장의 증가를 계획경제의 약화라고 보지
않는다.

북이 처음부터 시장을 적극적으로 수용했던 것은 아니다.
1960년대 북 농민시장의 소매상품 유통액은 전체의 1% 정도로 국
영상점 유통망을 보조하는 제한적인 역할로 존재했다. 북 계획경
제가 정상적으로 작동되었다면 시장이라는 형태는 그다지 유용성
이 없었을지 모른다.

1990년대 이후 동구 사회주의권이 몰락하고 북한 경제가 엄
청난 어려움에 직면하면서, 계획경제만으로는 먹고사는 문제를 해
결할 수 없었다. 북이 말하는 이른바 '고난의 행군' 시절에는 3년간
연이은 가뭄과 홍수로 온 나라가 물에 잠기고, 광산도 물에 잠겼
다. 구소련과 사회주의권이 건재할 당시 북은 구상무역(물물교환)
을 주로 했지만, 소련이 무너진 후 러시아는 북에게도 달러 결제를
요구했다. 달러가 없는 북은 기름 한 방울도 사올 수 없는 상황이

되었다. 상상해보라. 현대 사회에서 기름 한 방울 없이 살아남는다는 것이 어떤 의미인지…….

기름을 땔감으로만 생각하기 쉽지만, 원유는 사실상 모든 생산활동의 기본이다. 원유가 없으니 원유에서 생산되는 비료공장도 멎고, 비료가 없으니 농사를 지어도 나락이 제대로 달릴 리 없었다. 나라가 물에 잠겼는데 광산에서는 물을 퍼낼 기계도 작동시킬 수 없었고, 석탄을 캐낼 수도 없었다. 전기도, 겨울 난방도 불가능했다. 지역마다 아우성이었지만 기차도, 트럭도 움직일 수 없었다. 남쪽에서는 북의 민둥산을 보면서 주체농법의 피해라고 빈정거리지만, 얼어 죽을 수는 없는 일. 그런 상황에서는 나무라도 잘라다 때야 하지 않겠는가.

⦂ 북 사람들의 '고난의 행군'의 극복 방식

그때 세상은 북녘이 소련처럼 곧 무너지리라 예상했다. 북녘은 미국이 정복해야 할 지구상의 마지막 사회주의 국가였다. 북녘 체제 붕괴를 꿈꾸면서 최악의 제재와 압박을 가했다. 그런 한편 개혁개방을 하면 도와주겠다고 유혹했다. 하지만 내가 만난 북녘 사람들은 이구동성으로 개혁개방을 하라는 것은 자주와 사회주의를 포기하라는 것이며, 국제자본에게 경제를 통째로 넘겨 결국 빵도 변변히 먹을 수 없게 된다는 것과 다를 바 없다고 말했다.

"사회주의를 포기하라는 말은 우리에게는 제국주의의 노예가 되란 말과 같습니다. 우리는 자신의 힘을 믿고 우리 힘으로 경제를 재건해야지, 당장 먹을 것이 급하다고 경제를 스스로의 손으로 재건하는 것을 포기할 수 없습니다. 우리가 자립경제를 하려는데 미국 상품이 우리 사회를 장악해버린다면, 언제까지고 우리 힘으로 경제를 세울 수 없습니다. 노예의 삶을 택할 것인가, 자주의 길을 갈 것인가? 우리는 이 두 가지 길에서 자주의 길을 선택했습니다."

"미국은 개혁개방을 하지 않으면 무너뜨리겠다는 노골적인 고립 압살과 동시에 핵전쟁 음모를 벌렸습니다. 워싱턴에서 남쪽도 모르게 핵단추를 누를 뻔한 게 1994년이었지요. 우리는 미국의 고립 압살을 뚫고 경제 재건을 하기만도 벅찬 상황이었지만, 사회주의 조국을 지키기 위한 총대를 드는 것을 선행해야 했습니다. 그때 우리의 선택이 '선군의 길'이었던 것입니다."

현실은 정말 엄혹했다. 아사자가 얼마라던가? 온 나라가 풀뿌리로 연명을 하다시피 했다. 그런데도 그들은 빵이 아니라 자주권을 지키기 위한 '선군노선'(군사선행노선)을 선택했다고 말한다. 국민의 생존권인 빵을 포기한 것이 아니라 빵을 지키기 위한 선택이며 그래야 궁극적으로 빵도 지킬 수 있다고 했다. 당시에는 그러한 설명을 말로는 이해했지만 실제로 가능하겠느냐는 회의감을 떨칠 수 없었다. 하지만 요즘의 북녘을 보면 그들의 선택이 틀리지 않았다는 생각이 든다.

아직도 잘 상상이 되지 않는다. 당장 굶어 죽어가면서 어떻게 선군의 기치를 높이 들 수 있었을까? 집집마다 소나무껍질을 벗겨보지 않은 사람이 없었고, 칡뿌리와 산나물로 죽을 쒀서 아사를 면하면서도 지도부를 원망하기는커녕 더욱더 지도부를 중심으로 총단결했다. 그 힘으로 어려운 상황을 타개하며 고난의 행군을 마치고 지금은 경제적 고도성장을 구가하고 있다.

그들이 겪은 어려움과 불굴의 투지를 조금이나마 느낄 기회가 있었다. 고난의 행군 당시 청년영웅도로(평양-남포간 고속도로) 건설 장면을 그린 그림 전시회였다. 청년들이 변변한 장비 하나 없이 거의 맨손으로 온몸이 흙투성이가 된 채 돌멩이를 파내고 흙 마대를 나르는 장면들이 그려져 있었다. 손이 까져 피를 흘리는 장면도 있었다. 손을 헝겊으로 칭칭 감은 청년들이 "어디에 계십니까? 그리운 장군님"이라는 글을 쓰고 있는 모습도 있었다. 그 청년들은 배고픔을 이겨내고 맨손으로 평양-남포 고속도로를 완공해냈다. 그 전시회를 보면서 뭐라 형용할 수 없는 감정에 휘말렸다. 그 감정의 실체는 무엇이었을까?

우리 사회에서는 자기 백성을 먹이지도 못하는 지도자는 절대 지지를 받을 수 없다고 믿는다. 하지만 내가 본 북녘 사람들은 달랐다. 어려움에 처한 상황에서도 지도자를 중심으로 똘똘 단결했다. 오히려 굶주리고 있는 인민들을 지켜보는 지도자의 마음을 헤아리고, 인민들보다 더 굶으면서 나라의 살길을 찾아 동분서주

하는 지도자의 마음을 안쓰러워했다. 지도부에 대한 신뢰를 더욱 굳게 하고 단결의 힘으로 고난의 행군을 성공적으로 극복해 나갔다.

당시 북녘의 대응방식에 대한 생각은 사람마다 다를 수 있다. 이 책은 북의 판단에 대한 여러 견해 중 가급적 북의 입장을 있는 그대로 전달하고자 한다. 판단은 독자의 몫이다.

⦂ 농민시장, 종합시장

엄청나게 열악한 조건에서 벗어나는 데에는 농민시장의 덕이 컸다. 농민들이 텃밭에서 가꾼 농산물들을 들고 나와 팔거나, 중국을 통해 보따리로 들어온 생필품을 유통시킨 덕에 한 명의 아사자라도 줄일 수 있었다. 밀수가 많았지만, 북녘 정부는 말릴 수 없었다. 온 나라의 배급망이 망가져 있어서 농민시장에 의존할 수밖에 없었기 때문이다. 그 후 경제난이 조금씩 극복돼 가자 비대해진 농민시장이 계획경제를 위협하지 못하도록 1999년에 만든 '인민경제계획법'을 수정, 보완하며 사회주의 계획경제를 복원하려는 움직임이 강화되었다. 생산·분배와 유통망이 정상화되면서 국가가 국민의 삶을 책임질 수 있는 정도가 높아진 덕분이다.

사회주의 계획경제를 복원했다고 해서 농민시장을 억압한 것은 아니었다. 이 정책은 농토산물뿐 아니라 식료품과 공업품을 비롯한 생활에 필요한 모든 것을 판매하는 '종합시장'으로 발전시켜 유통체계의 일부로 포함시키는 것이었다. 이름도 농민시장이 아니

회령(국경 시장)
중국 상인들에게도
매대 허용

수남
북한 최대
도매시장

함경북도

양강도

채하
중국 수입품
전국 유통 통로

자강도

함경남도

평안북도

평안남도

평성
북한 최대의 도·소매
상품 유통 중심지

중앙
평양 제2의 종합시장

평양

통일거리
2003년 8월 본보기로 개장한
대표적 종합시장.
판매건물 3동, 주차장 완비

강원도

황해북도

사리원
곡물·식료품·의류
대량 유통

황해남도

북한의 종합시장(자료 출처: 통일부)

라 지역의 이름에 따라 통일거리시장, 평천시장 등으로 부르게 되었다. 시장에서 상품을 파는 사람들은 수입과 시설이용에 따르는 일정한 사용료를 물고, 그것은 지방예산수입으로 올라간다. 지방 정부에서는 대체로 생활이 상대적으로 어려운 가정에 장사를 권하고 있으며, 국가는 행정적 절차에 따라 필요한 만큼 자리를 보장해준다. 시장을 직접 주관하는 것은 지방행정기관이고, 운영은 시장관리소가 한다. 이러한 것을 보면 북녘 당국은 계획경제와 시장을 대립된 것으로 보지 않고 계획경제를 보완하는 효과적인 제도로 인식하고 있는 듯하다.

이런 소비품 시장과 다른 물자교류 시장도 있다. 사회주의 물자교류 시장은 국영공장, 기업소 상호 간에 1차 생산품을 사고파는 생산수단 시장이다. 이것도 계획적인 공급 방법만으로는 물자를 제대로 해결할 수 없고, 또 빠른 공급을 보장하기 힘든 조건에서 생산을 늘리기 위해 필요한 물자를 서로 유무상통하여 풀어나가는 보충적인 자재 공급 방법이다.

북의 유통체계는 우리와는 다른 측면에서 복잡하다. 상점이라고 해도 국영상점(국영시장)과 시장이 공존한다. 내가 가본 전문식당 가운데는 국가가 직접 운영하는 곳도 있었지만 해외에서 돈을 번 교포들이 돌아와 개업한 경우도 있었다. 또 최근 '평양 대동강 수산물식당'의 기사를 보니 옥류관 이상의 규모 있고 화려한 수산식당을 국영식당으로 개업하기도 했다.

이처럼 북에서는 상점이라고 하면 모두 시장경제를 의미하는 것은 아니다. 평양 거리에서도 남쪽으로 가면 포장마차 비슷한 군밤 매대, 군고구마 매대, 아이스크림 매대 들이 눈에 띈다. 이 역시 개별 소상인들이 아니라 사회급양 봉사망에 속한 공적인 사업이다. 사회봉사의 한 형태인 사회급양 봉사사업은 근로자들의 식생활을 개선하고 여성들의 부엌일 부담을 덜어줌으로써 그들이 사회활동에 참가할 수 있도록 조건을 만들어주는 의미가 있다고 한다.

⋮ 배급체계, 국영상점 그리고 시장

국영상점은 국가가 직접 관리하는 상점이며 북녘 시장의 가장 일반적인 형태이다. 국가에서 관리하는 국영상점의 경우, 사람들은 기업소나 인민위원회에서 배정받은 배급표를 내고 싼 가격에 물건을 구입한다. 그러나 아직 제품이 풍부한 것이 아니어서 급하게 사야 하거나 많은 양을 사야 할 경우, 일반 시장으로 간다. 식량이나 부식 등도 양정사업소, 국영상점 등 국가의 배급체계를 통해서 싼값에 사고, 부족분은 시장에서 구입한다. 평상시 식량은 배급으로 충당할 수 있지만, 결혼식 등 집안 대소사가 있을 때는 시장에서 별도로 구입한다. 쌀은 공식적으로 시장 판매를 하지 않는다. 농민시장에서는 개인 비축미를 모아서 팔거나, 밀수를 하는 경우도 있다. 이렇게 구입하는 쌀은 양정사업소를 통해 사는 쌀보다 가격이 훨씬 비싸다.

가전제품도 국영상점을 통해서 구입할 수 있는데 아직 질도 낮고 양이 충분하지 않다. 시장에 나온 물건 가운데는 수입품도 있고, 공장에서 국가에 납품하고 남은 제품을 직접 파는 경우도 있다. 2012년부터 실시된 '우리식 경제관리 방법'이 전면적으로 시행되면서 기업마다 국가 납품량의 초과 생산품은 시장에서 팔 수 있게 되었다.

이처럼 북은 시장과 계획경제를 적절히 배합하여 유통과 소비를 국가 차원에서 조율한다. "시장도 계획경제의 일부분"이라며 사회주의 계획경제 틀을 벗어나지 않는 선에서 관리하고 있다. 이는 시장 활용 정책의 변화만이 아니라 기업소 운영에도 변화를 가져오는 요인이 되었다.

: 내가 본 김정은 시대의 평양

내가 마지막으로 평양을 방문했던 때는 2012년 초겨울 김정은 위원장이 집권한 직후였다. 평양이 많이 좋아졌다는 말은 들었지만, 막 개장한 평양 문수물놀이장을 보고 충격을 받았다. 1층에 있던 카페는 서울의 고급 카페와 비슷했다. 숏커트 머리에 짧은 치마를 산뜻하게 차려입은 접대원들이 봉사를 했고, 방금 볶은 원두의 커피 향이 가득했다. 평양 카페의 메뉴에서 '아메리카노'와 '카푸치노'를 보다니! 고급스러운 조각 케이크도 눈에 띄었다.

제과점에서는 수영복 차림의 엄마와 아이가 샌드위치와 막 구워져 나온 빵을 고르고 있었다. 생맥주집에서는 수영복만 입은 남성들이 몇 명씩 모여 서서 생맥주를 마시며 이야기꽃을 피우고 있었다. 겨울이라 야외 물놀이장은 가동하지 않고 실내 물놀이장만 운영하고 있었는데, 우리의 어느 최고급 물놀이장에 뒤지지 않았다. 수없이 북녘을 드나들었지만, 정말 큰 충격이었다. 이렇게 세련되고 쾌적한 문화공간이 평양에도 만들어졌다는 사실이 놀랍기만 했다.

⁞ 자본주의보다 더 세심한 우리식 사회주의의 현대적 미감

북녘 안내원이 '우리식 사회주의의 현대적 미감'에 대한 이야기를 했다. 도시나 건축의 설계와 외관이 민족적 특성을 살리면서도 현대적이고 세련된 정취가 반영되어야 한다는 뜻인 듯했다. 김정일 위원장 시대에는 건축에서 비반복성과 독창성을 무척 강조했는데, 이것은 건축에서 현대적 미감을 살리는 핵심적인 요소로 된다고 했다. 안내원은 김정은 위원장 시대에 들어와서 현대적 미감을 살리는 문제가 더욱 중요하게 강조되고 있다고 설명했다. 그러면서 12월인데도 파랗게 잔디가 깔린 정원을 보여주었다. 겨울에도 얼지 않는 싱싱한 잔디 재배에 성공했다며 한겨울에도 푸른 잔디가 도시와 건축의 조형미를 한껏 빛나게 한다고 자랑했다.

아울러 각 건물마다 정책적으로 색감과 광택, 디자인에 얼마나 고심했는가를 설명했다. 안내원의 말에 의하면 조선식 건축물에서 중요한 것은 색조라고 한다. 남쪽 사회의 미감은 자본주의적 감각을 반영하므로 북녘과 같을 수는 없다. 그렇지만 건물 인테리어에 '우리식 사회주의의 현대적 미감'이라는 말을 붙이는 것을 보니 다시 한번 그들의 입장에서 건축에까지 아름다움을 반영하려는 국가적 노력이 느껴졌다.

⁞ 북 경제발전의 동력은 무엇일까?

내가 처음 베이징에 가본 건 2001년이었다. 2008년 베이징올

림픽을 준비하기 위한 도시 재개발 열기가 한창인 때였다. 그 뒤 베이징에 갈 때마다 눈부신 변화의 속도에 놀랐다. 그런데 북도 결심하고 작정을 하니 중국 이상으로 발전을 하고 있다. 중국은 사회주의 국가를 유지하긴 하지만, 자본주의 국가와 다를 바 없다고들 한다. 그에 비해 북은 사회주의 계획경제를 포기하지 않았다. 게다가 미국과 유엔의 제재가 날로 강해지고 있는 조건에서도 이렇듯 엄청난 경제발전이 이루어지고 있다.

지난번 10.4공동선언 기념 남북 통일대회에 다녀온 사람들은 이구동성으로 북녘의 경제발전 속도에 혀를 내둘렀다. 이무기가 용이 되어 승천하듯 이처럼 비약적으로 도약 성장하는 경제발전의 비결은 무엇일까? 중국에서 석유공급도 끊었는데, 밤새 평양 시내에 켜진 네온사인은 어떻게 된 것인지 궁금하다.

사람들은 그 모든 모습이 '쇼윈도' 역할을 하는 특권 도시 평양에서만 가능한 일이라고 지레짐작을 한다. 그러나 압록강 단교에서 건너다본 신의주 시내에도 새 건물이 올라가고 있었고, 압록강 건너 혜산에도 고층건물이 올라가고 있다. 언론을 통해 본 북의 경제건설 양상은 한마디로 대단하다는 말밖에는 할 말이 없다.

2017년 북녘의 국내총생산이 307억 달러(34조 7831억 원)로 2016년의 296억 달러보다 3.7% 증가했다고 북 사회과학원 평양경제연구소 리기성 교수(75세)가 일본 교도통신과의 인터뷰에서 밝혔다(2018년 10월 14일자 뉴시스). 이 발표는 '북의 GDP가 지난해 3.5% 마이너스 성장으로 1997년 이후 가장 낮은 성장'이라고 밝힌

한국은행 추정치와 정반대다.

이 발표가 사실이라면 실제로는 3.7%보다 훨씬 높게 성장한 것으로 봐야 한다. 사회주의 국가의 국민소득은 자본주의 국가의 산출방식과 몇 가지 점에서 차이가 난다는 것을 고려해야 하기 때문이다. 대표적인 것만 보자면, 사회주의 국가에서는 물질적 생산부문만 국민소득에 반영한다. 서비스 생산은 모두 사회주의적 국민소득의 산출에서 제외되며, 교육·보건·금융·여행·통신 등의 기여도 역시 국민소득에 포함되지 않는다. '비생산적 용역'의 비중이 보통 자본주의적으로 환산된 국민소득의 20~40%에 이르고 있음을 고려할 때, 북의 실제 국내총생산은 자본주의와 비교할 때 훨씬 더 상회하는 실적이었음을 알 수 있다. 북녘 경제가 미국의 최악의 경제제재에도 불구하고 비약적으로 성장하는 비결은 무엇일까?

그것을 이해하려면 우리들의 사고 속에 깊숙이 뿌리 박혀 있는 '자본의 힘'에 대한 맹신부터 검토해보아야 한다. 경제발전을 이룩하려면 반드시 자본이 있어야 한다고 믿고, 국내 자본이 부족한 후진국들은 선진국들로부터 자본을 들여와야 경제성장을 이룩할 수 있다고 믿는다. 북녘이 중국과 베트남처럼 자본의 힘을 인정하고 개혁개방할 생각을 하지 않는 것에 대한 안타까움(?)을 토로하는 사람들도 많다.

북녘에서는 자본의 힘에 대한 맹신에 빠지면 자주도 빵도 모두 잃어버리는 머저리가 된다고 본다. 경제발전의 동력은 '자본의 힘'이 아닌 '사람의 힘'에 있다고 본다. 우리가 자본주의 사회에 살고 있

2009년~2014년 북의 예산과 결산 발표 내용 (단위: %)

연도	예산*		결산**	
	수입	결산	수입	결산
2010	105.2	107.0	101.7 (107.0)	99.8
2011	106.3	108.3	101.3 (107.7)	99.9
2011	107.5	108.9	101.1 (108.6)	99.8
2012	108.7	110.1	101.3 (110.1)	99.6
2013	104.1	105.9	101.8 (106)	99.7 (105.6%)
2014	104.3	106.5	-	-

* 예산의 수입지출은 전년대비 증가율
** 결산의 수입지출은 계획대비 달성율. (　　)은 전년 대비 증가율
자료 출처: 통일부 통일연구원

2009년~2014년 북한의 부문별 예산 증가율 (단위: %)

연도		2009	2010	2011	2012	2013	2014
인민경제사업비	농업 (축산수산포함)	6.9	9.4	9.0	9.4	5.1	5.1
	경공업	5.7	10.1	12.0	9.4	5.1	5.2
	4대 선행부문	8.7	7.3	13.5	12.1	7.2	5.2
	과학기술	8.0	8.5	10.1	10.9	6.7	3.6
	기본건설	11.5	-	15.1	12.2	5.8	4.3
인민시책비 *사보: 사회보험 사회보장		-	6.2	-	교육: 9.2	교육: 6.8	교육: 5.6
					보건: 8.9	보건: 5.4	보건: 2.2
					사보: 7.0	사보: 3.7	사보: 1.4
					체육: 6.9	체육: 6.1	체육: 17.1
					문화: 6.8	문화: 5.2	문화: 1.3

자료 출처: 통일부 통일연구원 통일정세 분석 자료

다면 북녘은 '사람주의' 사회에 살고 있다고 볼 수 있다.

'사람주의'란 무엇인가? 사회발전의 힘의 근원은 사람에 있다는 사상이다. 사람의 힘이란 두 가지가 있다. 첫째는 사상(일심단결)의 힘이요, 둘째는 과학기술의 힘이다. '사람주의'에 따른 경제성장의 힘은 일심단결을 통해 사람들의 사상 의지를 최고도로 발동시키는 것이며, 과학기술력을 비상히 높여 나가는 것이라는 주장이다. 이것을 북녘에서는 '자강력 제일주의'라고 부르고, 경제발전의 핵심전략으로 내세웠다.

이처럼 개혁개방을 통해서 외국자본을 받아들이는 대신 자립적 경제발전 전략을 수립하고 관철해 나갔다. 자기의 힘을 굳게 믿고, 군민 대단결의 사상의지를 최고도로 높이면서 과학기술력을 비약적으로 발전시켜 나간 것이다.

북녘의 경제발전 전략에 대해 전 세계 사람들은 비관적으로 봤지만, 김정은 시대의 놀라운 발전상은 북의 경제발전 전략에 대한 재평가를 요구하고 있다. 자본의 힘에 대한 맹신을 타파하고 경제발전에 대한 새로운 접근이 필요하다. 아직도 국경 주변에는 장사꾼들이 몰래 밀수를 하고, 미사일과 인공위성을 만드는 나라에서 술병 뚜껑은 완벽하지 않다. 그러나 조만간 남북미가 함께하는 종전선언이 이루어지고, 미국의 경제제재가 풀린다면 어떻게 될까? 이제까지 북녘이 못사는 나라라고 경멸해온 우리의 대북의식이 어떻게 바뀔지 몹시 궁금하다.

4. 사회주의 교육은 어떨까?

⦂ 여기 등록금은 얼마나 됩니까?

　　문재인 대통령이 평양 남북정상회담을 하는 동안 김정숙 여사는 '김원균명칭음악종합대학'을 찾았다. 나는 2006년 평양음악대학이 대학 청사를 초현대식으로 짓고 '김원균명칭평양음악대학'으로 개편했을 때 가본 적이 있다. 모든 학생들의 개별 연습실, 크고 작은 규모의 각종 연주실과 강당이 갖추어진 엄청난 음악대학이었다.

　　김정숙 여사는 이곳을 방문했을 당시 등록금이 얼마나 되느냐고 물었다고 한다. 대통령 영부인이 북녘에 대학 등록금이 전혀 없다는 사실을 몰랐다는 건 충격이었다. 그러나 사회주의 하면 당연히 떠올라야 할 무상의료, 무상교육, 무상주택 대신 거대한 병영사회를 연상하도록 주입돼 왔던 우리 사회에서는 어쩌면 이상한 일이 아니기도 하다. 북녘의 의무교육 기간은 우리에 비해 3년 더 많은 12년이다. 12년 동안의 모든 교육이 무료다. 물론 의무교육 전후인 탁아소부터 대학까지 돈을 낼 필요가 없다. 학부형들은 학비 걱정, 교복 걱정, 기숙사비 걱정을 할 필요가 없다.

　　북녘에서 대학 입학은 무척 어렵다. 고등중학교 졸업생 중 약

북의 교육체계				
나이	구 분			
27	고등교육	연구원 박사원 박사 (2~3년)		
26				
25				
24				
23				
22		대학교		
21				
20			대학교 (4~7년)	고등전문학교 (3년)
19		교원대학 (3년)		
18				
17				
16	의무교육 12년	중등교육	고급중학교 3년	
15				
14				
13			초급중학교 3년	
12				
11				
10		초등교육	소학교 5년	
9				
8				
7				
6				
5		취학전교육	유치원 2년	높은반 1년
4				낮은반 1년
3			탁아소	
2				
1				

자료 출처: 저자 직접 작성

10%만 졸업 후 바로 대학에 진학한다니 우리보다 경쟁이 훨씬 심하다. 학비가 전혀 들지 않으니, 당연히 그럴 것 같다. 그렇다고 북녘 대학이 고등중학교 졸업생의 10%만 대학생으로 받는 것은 아니다. 대학 시험에 떨어진 학생들은 군대 제대 후 또는 직장에 다니면서 시험을 칠 수 있다. 대학에서 약 30%가 학교를 졸업하자마자 진학한 경우이고 나머지는 군대나 직장에서 추천받아 입학을 하는 경우이다.

● 김일성종합대학 교수님들과 생명공학부 학장님

김일성종합대학 생명공학부에서는 자체 연구를 통해 건강보조식품을 만든다. 건강보조식품 '청곡키나아제'(콩 추출물로, 피를 맑게 해준다고 하며 '혈궁불로정'이라는 이름으로 알려져 있다)만 생산하던 설비를 항생제까지 확장하여 생산할 수 있도록 공조설비, 자동화설비 등을 지원할 때의 일이다.

설비 기계는 남쪽에서 만들지만, 설치는 남쪽 기술자들이 북녘 현장에 직접 와서 해야 할 일이었다. 우리 쪽에서는 두 명 정도의 기술자가 방북을 해서 김일성종합대학 생명과학연구소에 설비 설치를 지휘했고, 북녘에서는 10여 명이 땀을 뻘뻘 흘리며 막노동을 했다. 나는 그분들이 김일성대학 교수님들이라는 것을 나중에서야 알았다. 북녘 최고 대학의 교수님들이 그처럼 험한 일을 하다니 믿기지 않았다. 힘든 일을 하면서도 부드러운 웃음이 배어 있어

우리겨레하나되기운동본부가 진행한 김일성종합대학 항생제 소공장 방문.

참 인상적이라고 느끼긴 했다. 그런데 남쪽에서 간 기술자들의 말이 더 놀랍다. 어찌나 꼼꼼하게 일을 잘하는지, 전문가인 자기들이 봐도 탁상물림 교수들이라고는 믿어지지 않았다고 했다. 러닝셔츠 바람에 수건을 목에 두르고 연신 땀을 닦아가며 일하던 젊은 교수들! 남쪽에서는 잘 상상이 가지 않는 일이다.

북녘에서는 직위가 높고 낮은 것을 떠나 도시의 모든 근로자들이 금요노동을 나간다고 하더니, 그렇게 단련이 되었나 싶다. 한편으로는 이런 체계가 장점도 많겠지만, 행여 고급인력을 낭비하는 것이 아닌가 하는 생각도 들었다.

젊은 교수들과 기술자들이 설비를 조립하며 땀 흘리는 사이, 생명공학부 학장과 한담을 나눌 기회가 있었다. 학장은 인정 많은 동네 어르신 같은 분이었는데, 남쪽의 통일 일꾼들에 대해 걱정을 많이 해주셨다. 생활 꾸리랴, 통일 운동하랴 얼마나 힘드냐며, 빵 한 쪽이라도 더 집어주려 할 때는 감동이 밀려왔다. 남쪽에서는 남북교류 일을 한다고 하면 '종북' 아니냐며 따가운 눈초리를 보내는 경우가 많았는데, 북의 따뜻하고 인정 어린 말투에 그렇게 쌓인 피로가 풀릴 때가 많았다.

교수님이 내 아이가 몇 살인지를 물어보셨다. 나는 고등학생 아들이 하나 있는데 대학 가면 등록금만 한 해 1,000만원이 넘는 돈이 들어 큰일이라며 한숨을 내쉬었다. 등록금 걱정 모르는 북에 비해 남쪽에 사는 부모들의 어려운 사정을 하소연하고 싶은 심정이었던 것 같다.

교수님은 남쪽 교육비가 그렇게 엄청난지 몰랐던 모양이다. 1,000만 원이면 북녘 돈으로 얼마인지를 이리저리 따져보더니 갑자기 눈에 생기가 돌며 학생들을 부르겠다고 한다.

"요즘 우리 대학생들이 철이 없어요. 국가에서 학비를 대주는데도 고마운 줄 모르거든! 기숙사, 교복, 다 무료라는 걸 당연하게 여긴다오! 학생들을 좀 데리고 올 테니 총장 선생이 남조선 대학생들에 비해 얼마나 행복한 것인지 설명을 좀 해요. 나라의 고마움을 깨달아야 하는데!"

그러고 보니 모든 게 무료라, 참 부러운 상황이다. 그런데도 북녘 학생들은 그런 엄청난 특혜를 고마워하지 않고 당연히 여긴다는 게 아닌가! 우리 아들이 대학을 졸업할 때쯤이면 아마 융자받은 등록금 빚만 해도 몇천만 원 되지 않을까? 게다가 기숙사에서 밀려나 고시원을 전전하는 학생들의 이야기를 들을 때면 남의 얘기 같지 않았는데, 학비 전액 무료를 당연하게 여기며 공부한다니 이 아이들의 어깨는 얼마나 당당할까?

하지만 북의 학생들에게 남쪽 학생들의 처지를 이야기하라는 교수님의 뜻밖의 이야기에 나는 적잖게 당황했다. 북녘 대학생들에게 우리 남쪽 학생들은 어려운 조건에서도 통일운동을 열심히 하고 있으며 북녘 학생들을 몹시 만나고 싶어 한다는 이야기를 해야지, 무슨 죽는소리를 하라는 것인지 이해가 가지 않았다. 분단을 넘어 북녘과의 교류 협력사업을 하러 온 내 심정은 안중에도 없고, 내 어려움을 제자들 가르치는 데 활용하려 하다니! 같이 통일을 꿈꾸는 동포로 하나의 마음인 줄 알았는데, 유대감이 확 깨지는 느낌이었다.

사회주의 북쪽에서 살아가는 교수님이 남쪽 자본주의에서 살아가는 서민의 고충까지 이해해주기를 바랄 수는 없는 일이다. 에이! 냉수 먹고 속 차려야지! 남쪽에서야 자녀들 대학등록금 이야기만 나오면 긴말 안 해도 동병상련인데, 그런 걱정을 아예 모르는 곳에서 공감을 바란다는 것 자체가 무리다. 교수님의 의도야 이해되지만, 상처를 받았던 기억이 지금도 생생하다.

⁝ 조선을 위해서 배운다고?

북녘에서는 획일화된 전체주의 교육을 시키니까 완전 무상교육이 당연하다는 사람들이 많다. 하지만 교육 관련 남북의 가장 큰 차이는 사실 무상교육 여부가 아니라 교육철학이다.

교육은 원래 그 사회의 이념을 가장 민감하게 반영하기 마련이다. 우리가 추구하는 자유민주주의란 무엇인가? 개인주의에 기초한 자본주의 시장경제 체제를 가리키는 말이다. 우리 교육의 목적은 이러한 사회체제에 잘 적응하여 민주시민이 되게 하는 것이다. 우리 헌법에는 '자유민주적 기본질서를 더욱 확고히 하여 정치·경제·사회·문화의 모든 영역에 있어서 각인의 기회를 균등히 하고, 능력을 최고도로 발휘하게 하며, 자유와 권리에 따르는 책임과 의무를 완수하게 하여'라고 명시돼 있다.

북녘은 어떨까? 사회주의헌법 제5장 '공민의 권리와 의무' 제63조를 보면 조선민주주의인민공화국에서 공민의 권리와 의무는 '하나는 전체를 위해, 전체는 하나를 위해'라는 집단주의 원칙에 기초한다. 배움의 목표와 철학에서 우리와 차이가 크다. 북녘에서는 '조선을 위해 배우자'라는 구호가 눈에 띈다. 학생들도 입신출세하여 부모의 기대에 부응하는 자식이 되겠다는 말보다는 '세계에 조선의 힘을 떨쳐 보이겠다'라는 각오를 밝히는 경우가 일반적이다.

"사람은 대체로 이기적인 존재인데, 조선을 위해 공부한다는 게 정말 솔직한 말입니까?"라고 물으면 북녘 사람들은 이렇게 말한다. "집단의 발전에 기여하려면 자신도 발전해야 합니다. 나라의 발전에 기여할 마음으로 공부할 때 더 효과가 나는 것 아닙니까? 입신출세나 하자고 공부하는 것보다야!" 당연한 말이다. 그런데도 '조선을 위해 배우자'는 구호가 이리도 생경하게 느껴지는 걸 보니 그동안 나 역시 개인의 발전의 총합이 나라의 발전이라는 생각만 했지, 처음부터 조국과 민족에 복무한다는 목표의식은 없었는지도 모르겠다.

⫶ 내 앞에 정면으로 서 있는 북의 '집단주의'

아뿔싸! 이게 바로 개인주의와 집단주의의 차이구나! 개개인의 발전의 총합이 사회의 발전이라고 보는 게 우리식 사회발전론이다. 반면에 전체의 발전에 복무하려는 개인의 노력이야말로 개인의 발전도 최대화시킨다고 보는 게 북녘의 집단주의다. 비슷한 것 같지만, 전자는 개별의 무제한적 경쟁에 제동을 거는 장치가 존재하지 않는다. 후자는 개인이 노력을 하는 한편 경쟁을 하더라도 조국과 민족을 위한 경쟁이므로 집단의 발전에 기여하는 바가 훨씬 클 듯싶다.

한 아버지가 임종 시 아들들을 모아놓고 막대기를 한 꾸러미 주면서 부러뜨려 보라고 했다는 우화가 있다. 꾸러미로 있을 때는 부러지지 않더니, 하나씩 부러뜨리라고 하자 쉽게 부러졌다. 이 이야기를 들을 때는 모두 *끄덕끄덕*하지만 자본주의의 무한대의 경쟁 속에서는 혼자 살아남기만도 허우적거린다. '우리'라는 막대기를 묶어주는 꾸러미 끈 같은 것은 존재하지 않는다.

우리 자신에게 다시 물어보자. 나는 과연 조국의 발전을 위해 공부하고 일하고 있는가? 자신 있게 답을 할 수가 없다. 그러면 이렇게 질문을 바꾸어 보자. 나 자신을 위해 일하는 게 조국의 발전인가? 북녘을 가는 길은 언제나 이 의문에 대한 답을 찾는 여정이었던 것도 같다.

∴ 북녘의 유아교육

이제 북의 유아교육 체계를 하나씩 살펴보자. 탁아소는 중앙의 '보건성 탁아소 지도국'과 지방의 '시·도·군 보건부서'에서 담당하며, 농촌 지역은 중앙의 '농업위원회'와 군의 '협동농장경영위원회'에서 담당한다. 중앙 탁아소는 중앙예산으로 지원하고, 시·도·군의 탁아소는 지방예산으로 지원하며, 농촌 부문의 협동농장 탁아소는 공동소비자금으로 지원한다.

탁아소의 보육원은 주로 3개월(주간) 혹은 6개월(야간) 과정의 보육원 양성소에서 배출하고 있으며, 통신교육 과정도 개설되어 있다. 중앙의 보육전문학교와 지방의 사범학교 보육과 그리고 공장이나 기업소 자체적으로 운영하는 보육원학교(양성소), 통신교육체계와 검정시험제도를 통해 양성된다.

참고로 우리나라의 유치원보다 북녘의 유치원(탁아소는 제외) 숫자가 더 많다. 2016년 자료를 보면 남쪽의 유치원은 모두 8,984개

출산 전부터 시작되는 북의 보육정책			
임신 8개월	산전 휴가 60일		
탄생	식량 일일 50g, 아버지 직장에서 배급표		
3개월까지	산후후 휴가 90일		
탁아소	젖먹이반	4개월부터 생후 8개월	
	젖떼기반	18개월까지	
	교양반	19개월부터 36개월	
유치원	유치원 준비반	37개월부터 48개월까지	
	유치원	만 5세까지	의무교육

북한의 탁아소와 유치원 시설 수 및 아동 수				
탁아소		유치원		계
시설 수	아동 수	시설 수	아동 수	1,972,774
28,000	1,281,000	13,638	691,774	

2016년 교육통계연보 학교 기본통계 설립별 유치원 수							
구분	국립유치원	공립유치원		사립유치원			
		단설	병설	법인	개인	군부대	기타
유치원수	3	305	4,388	506	3,739	14	32
소계	3	4,603		4,291			
합계	8,987						

자료 출처: 「북한의 영유아 교육보육제도-역사적 관점」(양옥승, 2012)

로 북녘의 절반을 조금 넘는데, 북녘의 인구가 남쪽의 반 정도라는
걸 감안해서 보면 인구 대비 유치원 수가 북녘이 훨씬 많다. 최근 우
리 사회에서는 사립유치원장들이 국가적 지원금을 명품 가방 구입
등 사적 용도로 쓰는 풍토가 문제가 되고 있다. 사립유치원장들이
아무리 갑질을 해도 엄마들의 입장에서는 입학도 하늘의 별 따기인
유명 사립유치원에 아이들을 보내는 이상 항의조차 할 수 없는 처지
이다. 모든 유치원을 공립화하지는 못하더라도 지금처럼 사립유치
원에 아이들을 맡길 수밖에 없는 상황이 나아지기를 기대한다.

⁞ 어려서부터 탁아소를 보내면 아이의 개성을 죽일까?

북녘의 탁아소 풍경은 어떨까? 직장 탁아가 일반적이지만, 주
말에 아이를 찾아가는 주탁 제도도 있다. 아이를 떼놓기 힘들어하
는 것은 남북이 마찬가지인지 북녘도 요즘은 일일탁아를 선호하는
추세라고 한다.

엄마가 아기를 업고 직장에 출근하는 장면은 북의 드라마에
서 흔히 볼 수 있다. 탁아소와 유아교육도 무료이긴 하지만 만 5세
의 유치원 높은반을 제외하고 의무교육은 아니다. 직장생활을 하
지 않는 전업주부(북녘 표현으로는 가두여성)들은, 아이를 집에서
키우기도 한다. 탁아소 교사들은 아이를 탁아소에 보내지 않은 집
을 찾아다니며 적극적으로 탁아 유치사업을 한다.

추운 겨울날, 김정숙 탁아소를 찾았다. 북녘 탁아소나 유치원

에 가면 공연을 보여주는데, 앙증맞은 재롱에 동심으로 돌아가는 행복한 시간이다. 우리 방문단이 탁아소 공연장에 둘러앉자 공연이 시작되었다. 서너 살쯤 되어 보이는 남자아이들 다섯이 앞으로 나와 토끼, 돼지, 강아지, 염소, 등 동물 모양의 관을 머리에 쓰고 돌아가며 동요를 불렀다. 그런데 돌발상황이 발생했다. 한 아이가 입을 꼭 다문 채 서서 우리를 노려보기 시작한 것이다. 눈빛이 원망과 분노에 가득 차 있는 느낌이어서 모두 당황했다.

'긴장해서 가사를 까먹었나?'

선생님이 무대 뒤에서 계속 응원을 하고 반주를 되풀이해도 소용이 없었다. 결국 선생님이 아이의 손을 잡고 무대 뒤로 퇴장한 뒤에야 공연은 다시 진행되었다. 아까 그 아이가 다시 무대로 나왔는데, 이번에는 조금도 망설이지 않고 독창을 아주 잘 불렀다.

'아까는 왜 그랬지?'

공연이 끝난 뒤 탁아소 방문을 마치고 아이들의 전송을 받으며 출발하려는 찰나, 아주머니들이 탁아소로 우르르 들어가는 장면이 보였다. 그날은 토요일이어서 1주일 동안 탁아소에 있던 유아들이 집으로 돌아가는 날이었다. 사실은 우리 팀의 방문이 예정보다 늦어지자 우리가 오지 않는 줄 알고 아이들을 집으로 돌려보낼 준비를 했다고 한다. 그런데 막 집으로 돌아가려는 때 우리가 들이닥치는 바람에 아이들은 외투를 도로 벗고, 공연 준비를 시작한 것이다. 아이를 데리러 온 어머니들은 우리와 마주치지 않도록 우리가 돌아갈 때까지 밖에서 기다렸다고 한다. 그 말을 전해 듣고 나니 너무 미안했다. 정말 추운 날이었는데, 평양 방문에 심취한 우리는 그날이 토요일이라는 것을 깜빡했던 것이다.

그때 불현듯 아까 우리를 노려보던 아이가 떠올랐다. 혹시 이 때문이었을까? 안내원 선생에게 물으니 그제야 사연을 털어놓았다. 그 아이는 왜 갑자기 집에도 못 가고 노래를 불러야 하느냐며 항의가 대단했다고 한다. 너희들이 보고 싶어 평양까지 오신 남쪽 어른들이라고 해도 수긍하지 않았던 모양이다. 달래고 어르고, 결국 노래를 불러야만 집에 갈 수 있다는 말에 겨우 무대에 올라갔다고 하는데, 네 살밖에 안 된 아이가 참 대단하다. 1주일 만에 엄마와 집에 돌아가는 행복한 시간을 알지 못할 불청객들 때문에 방해를 받은 아이의 분노가 충분히 이해가 되었다.

공연장에서 많은 어른이 자기를 쳐다보고 있는데 한 치도 굴하지 않고 자기 생각을 저렇게 표현하다니! 아직 표현도 서투른 유아에 불과하지만, 무대 아래서 울며 떼를 쓴 것도 아니고, 무대에 올라와 우리를 노려보던 눈빛! 우리 아이도 네 살 때 놀이방 크리스마스 재롱잔치 무대에서 얼이 빠졌던 적이 있어서 그와 비슷한 상황일 줄 알았는데, 기가 질린 것이 아니라 기백이 넘치는 아이의 당당한 항의였던 것이다. 이것을 보니 북녘의 탁아소 교육이 개성

을 죽이는 것이 아니라 정반대로 개성을 충분히 살리는 교육이라
는 느낌이 들었다.

፧ 주입식 체제 찬양 교육을 시킨다고?

북녘의 탁아소에서 체제 찬양 교육 장면을 보게 되면 남쪽 사
람들은 무척 힘들어한다. 공감하기 어려운 것은 이해되지만, 그렇
다고 이것을 주입식 교육이라고 평가하는 게 옳을까?

네 살짜리 아이의 당당한 자기주장은 북녘의 교육방식이 주
입식이라는 주장에 강한 의문을 느끼게 만든다. 아이들은 어디서
나 천진하다. 선생님들이 통일이 중요하다며 남쪽 손님들을 반갑
게 맞이해야 한다고 가르치면, 우리에게 매달리며 환영해주는 아
이들……. 그럴 때 우리는 아이들의 살아있는 천진한 눈빛을 느낀
다. 비록 아이들이 통일이 뭔지는 몰라도, 남쪽 손님들을 맞이하는
천진한 표정을 강요라고 평가하는 것이 옳을까?

얼마 전에 신의주 유치원 원아가 나를 그려준 그림을 페이스
북에 올렸더니 많은 분들이 대단하다는 반응을 보여주었다. 그런
데 어떤 분이 지나친 재능교육이라며 유아교육의 일탈현상이라는
댓글을 달았다. 그분에게도 묻고 싶었다. 아이들은 그저 뛰어노는
것만 하게 해야 자연스러운 교육인지! 그분은 기독교 신자였는데,
기도를 잘 해도, 찬송가를 잘 불러도 그것이 유아교육의 일탈이라
고 할는지. 왜 이렇게 북에 대해서만 가혹한 평가들을 할까!

일찍부터 재능이 꽃피울 수 있도록 가르치고 격려하는 것이 아이들의 천진함을 훼손한다는 사고는 너무 편협하다. 심성을 자연스럽게 키워주는 것도 올바른 유아교육이지만 아이들이 하고 싶은 것을 북돋아주는 것도 올바른 유아교육이다. 혐오해야 할 것은 아이들의 천성에 반대되는 것을 억지로 강요하는 것이다. 내가 본 북녘의 탁아소와 유치원 아이들에게서는 주눅 들고, 야단맞는 흔적은 찾아볼 수 없었다.

2011. 10. 16
우리는 하나의 호북

• 소년단과 소조 활동으로 풍요로운 소학교 생활

북녘은 만 여섯 살이 되면 소학교에 들어간다. 또 몇 년 전 소학교 교육을 4년에서 5년으로 연장했다. 입학식 때 담임을 맡은 선생님이 졸업 때까지 담임을 맡는다.

소학교 2학년 때 단계를 거쳐 소년단에 입단하는데, 입단 행사가 아주 성대하다. 어린이들은 한 손에 붉은 표지로 된 선서판을 들고 소년단 행진곡을 부르면서 입장하고, 선생님들과 선배들은 붉은 넥타이(스카프)를 매어준다. 우리처럼 반장이 없는 대신 북녘에서는 소년단이 어린이들의 자치조직이다. 어릴 때부터 자주적으로 생활하는 기풍을 기르기 위해 이런 자치조직이 중요하다고 한다. 우리가 아는 왼손을 높이 치켜드는 소년단 경례는 바로 여기서의 인사 예법이다.

또 북의 헌법 제44조에는 "교육과 생산로동을 밀접히 결합시킨다"라고 명시되어 있다. 따라서 모든 학생은 생산활동에 의무적으로 참여해야 한다. 학생들이 참여하는 의무노동은 농촌지원과 경제건설 분야의 노동으로, 소학생은 2~4주 참여해야 한다. 참고로 중학생은 연간 4~8주, 고등전문학생은 연간 10주, 대학생은 연간 12~14주다.

소학교 2학년이 되면 5교시를 마친 후 집에 와서 점심을 먹고, 방과 후 소조활동, 즉 학교로 가서 체육활동을 하거나 소년단 활동을 한다. 또 학생소년궁전에 신청하면 누구나 선생님의 지도를 받으며 소조활동을 할 수 있다.

남쪽 사람들이 많이 가본 '학생소년궁전'은 만경대학생소년궁전이다. 평양에는 만경대학생소년궁전 외에도 평양학생소년궁전이 있다. 평양에만 있는 것이 아니라 중요 시군마다 학생소년궁전이 있어 방과 후 과외 재능교육을 받을 수 있다. 나는 중요 시군마다 학생소년궁전이 있다는 말을 새겨듣지 않다가, 개성에 갔을 때 그곳에도 학생소년궁전이 있는 것을 보고서야 실감할 수 있었다. 아이들은 여기서 노래, 악기, 무용, 수예. 서예, 태권도, 수영, 물리, 수학, 컴퓨터 등 각종 소조활동을 통해 다양한 과외학습을 받는다.

만경대학생소년궁전에는 700여 개의 크고 작은 소조 방이 있다. 소조활동을 지도하는 교원만 500여 명이며, 1만 2,000명이 동시에 소조활동을 할 수 있는 규모라고 한다.

이를 두고 남쪽 사람들은 영재교육이라고 생각하는 경우가 많은데, 본격적인 영재교육기관은 따로 있다. 학생소년궁전은 소학교 학생들이 방과 후 활동을 하는 곳으로, 자기가 속했던 소조가 재미가 없으면 다른 소조로 옮기는 경우도 있다. 이처럼 몇천 명을

초등(소)학교 학생·학급 수 (1998년)			
북		**남**	
학교와 학생 수	약 4,800개, 학생 188만여 명	학교와 학생 수	5,732개, 학생 380만 명
학년당 학급 수	8~9개반(농촌은 1~2개반)	학교별 학생 수	평균 663명
한 반	30~40명	한 반	북과 비슷

북의 소년단 체계				
학교 소년단 위원회	교사	책임지도원	학생	단위원장
		지도원(교원)		단부위원장(2~3명)
				단위원(각반 1명)
학급 분단 위원회	분단위원장	당일총화(생활평가) 월례총화 등 회의만 담당		
	조직부위원장	위원들의 통제		
	사상부위원장	읽기 등 선동활동		
	위원	학습위원, 위생위원 등으로 나뉘며 남의 주번과 비슷한 역할		

자료 출처: 통일부 자료를 바탕으로 저자 직접 작성

동시에 수용할 수 있는 교육기관이 평양에만 두세 군데 있고, 각 시도 단위로 있으므로 영재교육기관이라기보다 모든 소학교 학생들이 방과 후 재능교육의 혜택을 받는 교육기관이라 할 수 있다.

⁝ 평양초등학원을 아시나요?

진천규 기자의 신간『평양의 시간은 서울의 시간과 함께 흐른다』(타커스)를 보다가 평양초등학원 취재 이야기가 눈에 띄었다. 2017년 2월에 개원했는데, 일반 학교가 아니라 부모 모두를 잃은 아이들을 국가에서 책임지고 가르치는 곳이라고 한다. 250명 규모의 학생 전원이 기숙사 생활을 한다. 고아들이 학교에서 왕따를 당하거나 소외당하는 우리나라의 현실에 비해 아이들의 성장에 좋을 것 같다. 전에 북녘의 애육원(고아원)을 가본 적이 있는데, 애육원 선생님들이 아무리 잘해줘도 엄마만 할까 싶어 안쓰러웠던 기억이 있다.

평양초등학원의 설립은 부모 없는 아이들을 단순히 보호하는 차원을 넘어 국가가 적극적으로 양육하는 차원인 것 같다. 야외 체육장과 수영장, 식당, 이발실 등을 갖추었고 외관도 마치 동화나라처럼 특색 있는 분위기로 지어졌다고 한다. 이곳을 졸업하면 바로 옆의 평양중등학원에 진학할 수 있으니, 최고의 수준에서 국가의 교육복지 혜택을 누리고 있는 것으로 보인다. 아마 아이들의 부모는 산재를 당했거나, 군대에서 사고를 당했거나 등으로 세상을 떠난 것으로 보인다. 북녘에서는 일하다 돌아가신 분들의 가족을 더 알뜰히 챙김으로써 집단주의적 기풍을 더 강화하고, 그 아이들을 더 훌륭한 인재로 키우려는 계획을 갖는 듯하다.

⁞ 북의 영재교육기관 금성학원

북녘의 대표적 영재교육기관은 금성학원이다. 금성학원은 예술과 컴퓨터 분야의 영재들을 육성하는 곳으로 소학반 5년, 중학반 6년, 전문반 2년을 거쳐 김일성종합대학이나 평양연극영화대학으로 진학한다. 금성학원의 전문반은 평양음악대학(2006년에 김원균명칭음악대학으로 개칭되었음) 등 대학 체제에 속한다. 김정은 위원장의 영부인 리설주 여사도 금성학원 출신으로, 2005년 인천 아시아육상선수권대회에 '청년학생협력단'으로 온 적이 있다. 이 학교를 여러 번 방문할 기회가 있었는데, 예능 교육은 교실마다 1명 혹은 2~3명이 선생님과 함께 악기와 노래 수업을 받는다. 예술 외의 교과는 다른 학교와 마찬가지로 교실에서 받는데, 어학실, 과학실 등의 장비들이 잘 갖추어져 있었다. 금성학원도 손님들이 방문하면 학생 공연을 한다. 손님맞이도 하고, 아이들 훈련도 하는 일석이조의 효과가 있다.

2000년이었던가? 평양어린이예술단이 서울에 와서 공연을 한 적이 있다. 허스키한 목소리로 '김치깍두기'를 불러 청중을 매료시켰던 김주향 어린이(당시 다섯 살쯤 되었던 것 같은데, 이제는 어엿한 숙녀가 되어 최근 삼지연관현악단 단원으로 평창에도 왔었다), 드럼을 신들린 사람처럼 치던 리진혁 어린이(당시 아홉 살 정도) 등을 아직도 기억하는 분들이 있다. 이 아이들은 대부분 금성학원 학생들로 어찌나 신명 나고 자유롭게 훨훨 날아다니는 것처럼 보이는지, 나는 TV로 공연을 보면서 공연히 눈물이 났다.

당시 아홉 살이던 우리 아들도 저렇게 신명 나게 자기를 표현하는 교육을 받을 수 있다면 하는 부러움이 솟구쳐서 편안한 심정으로 공연을 볼 수 없었다. 아이를 밝고 당당하게 키우고 싶었던 교육열 넘치는 엄마로서 분단체제와 우리 교육현실이 그때만큼 원망스러웠던 적은 없었던 것 같다.

⦂ 우리 아이와 우리 예체능 교육의 현주소

1979년에 대학에 입학한 후 줄곧 학생운동과 노동운동을 해왔던 내가 일선 노동운동을 포기한 것은 출산 때문이었다. 아이를 낳자, 고정 수입이 절실해졌다. 그때 친정아버지가 생계 대책을 세우라며 가게를 차릴 수 있는 자금을 주셨다. 나는 그 자금으로 서점을 운영하기 시작했다. 아이는 첫돌이 되기도 전에 동네의 작은 선교원에서 운영하는 놀이방에 다녀야 했다.

서점을 시작한 후, 좋은 책을 제대로 선정하여 보급하는 일에 매진했다. 당연히 아이를 위한 그림책과 동화책이 우선순위였다. 서울을 오가며 '어린이도서연구회' 사람들도 만나고, 당시에 낱개로 막 출간되기 시작하던 좋은 그림책들도 알게 되었다. 당시만 해도 울산 지역에서는 그 책들이 서적 도매상을 통해 유통되고 있지 않았기 때문에 유통선을 확보하기 위해 발로 뛰면서 좋은 어린이 그림책들을 욕심껏 모았다. 그림책에 있는 것처럼 동심의 세계를 잘 키워주는 교육, 세상을 알고 싶어 하는 아이들의 지향을 살려주는 교육을 하고 싶었다.

아이에게 그림책을 읽어주는 시간은 가장 행복한 시간이었다. 그림책 덕분인지 세 살이 될 무렵 말하기를 시작하고, 네 살 때는 한글을 깨우쳤다. 유아원을 마치고 서점으로 돌아온 아이가 그림책을 줄줄 읽는 것을 본 엄마들은 내가 권하는 그림책을 불티나게 사 갔다.

그러다가 엄청난 일이 생겼다. 1998년 7월, 아이가 초등학교 2학년이 되던 해에 우리 부부가 덜렁 국가보안법으로 구속되면서 아이가 졸지에 고아 아닌 고아가 되어버린 것이다. 아이의 충격은 이만저만이 아니었던 듯하다. 대한민국 경찰과 군인이 총을 들고 들어와 엄마 아빠에게 수갑을 채우는 것을 눈앞에서 보았으니, 얼마나 놀랐을까! 엄마 아빠가 없는 빈집에 돌아가야 하는데, 학교 친구들에게 어떻게 설명할 수 있었을까? 며칠 만에 외할머니가 내려와 외갓집으로 갔지만, 외갓집에서도 아이의 불안은 사그라지지 않았다. 결국 엄마 아빠 면회라도 올 수 있도록 다시 울산으로 데려와, 석방운동을 하는 이모 삼촌들과 함께 지낼 수밖에 없었다.

나는 10개월 후 무죄로 풀려나 아이 옆으로 돌아왔지만, 아이는 이미 문제 아동이 되어 있었다. 학교에 적응하지 못하고 날마다 PC방으로 사라져 집에도 잘 들어오지 않았다. 나는 아직 감옥에 있는 남편 석방운동하랴, 서점 운영하랴 바빴지만 아이 문제가 가장 큰 걱정이었다. 피아노도 가르치고, 태권도 학원도 보내고, 여성회 방과 후 교실과 풍물도 시켰다. 하지만 무엇을 가르쳐도 천진하고 재치 있게 적극적으로 반응하던 예전의 모습은 사라지고 시큰둥한 아이로 변해 있었다. 보이지 않는 벽이 가로놓여 엄마로서의 8년간의 모든 노력이 사라져버린 듯했다.

평양 학생소년궁전의 아이들이 서울에 와서 공연을 하던 2000년이 바로 내가 아이 옆으로 돌아온 그 무렵이었다. 당당하고 밝게 무대를 휘어잡는 북의 아이들! 그들은 무대에서 공연을 하는 것이 아니라, 펄펄 날고 있었다. 까르르 웃고 있었다. 어떻게 저렇게 키웠을까? 집체적으로 어울리며 빚어내는 공연 모습이 너무 자유스럽고 신선해서, 마치 초원에서 뛰어노는 아이들의 싱그러운 영상 같았다.

우리 부부의 구속 경험은 좀 유별난 문제이긴 하지만, 사실 다른 집들도 마찬가지다. 자기 아이가 구김살 없이 자라 재능과 꿈을 잘 발전시켰으면 하고 바라지 않는 부모가 있을까? 그러나 우리의 교육현실은 좀 각박하다. 예체능에 소질이 있어 보이는 아이의 부모는 예술가로서 꿈을 키워줄 재력이 되는지부터 따져보아야 한다. 설사 재력이 있다 하더라도 예체능교육 현실이 아이들의 천성을 잘 지키고 신명 나는 예술인들로 키워주는 과정인지도 엄밀히 생각해보아야 한다. 금수저로 태어나 엄마 손에 이끌려 레슨을 받을 수는 있지만 자유스럽고 당당하게 자기의 기량을 뽐내는 경지에까지 이르기는 어렵다.

우리 아이가 기뻐하며 신명 나게 배울 수 있는 예능은 무엇일까? 나는 아이가 성공한 예술인이 되기를 바라는가, 아니면 자신의 소질과 신명을 그대로 키울 수 있기를 바라는가? 아이들의 소질과 기량을 신명 나게 키워주는 학원은 어디에 있을까? 나는 아이를 어디까지 뒷바라지할 수 있을까? 우리 사회에서 이런 고민을 해보지 않은 부모는 별로 없을 것 같다.

⦙ 1등부터 꼴등까지 순위를 매긴 성적표

안영민 기자가 쓴 『행복한 통일 이야기』를 보면, 금성학원 복도에 붙어있는 성적표를 보고 당황했다고 한다. 1등부터 꼴찌까지 사진과 함께 성적순으로 표를 만들어 복도에 붙여놓은 장면이었다. 안 기자는 사회주의 교육이라면 '경쟁'보다는 '평등'에 방점이 찍힐 것으로 생각했다고 한다. 남쪽에 사는 우리는 등수를 공개하는 게 교육적이라고 생각하지 않는다. 과열경쟁을 부추기고 공부 못하는 아이들에게 상처를 주어 밝게 성장할 기회를 차단한다고 생각하기 때문이다. 그런데 평등사회를 주장하는 사회주의 국가에서 순위를 매겨서 공개하다니! 심한 충격을 받은 것도 무리는 아니다.

그렇다면, 남과 북의 경쟁은 같을까, 다를까? 나는 경쟁은 양면성이 있다고 생각한다. 경쟁이 없으면 다 같이 열심히 공부할까? 그건 절대 아니다. 교육이란 모든 국민의 기본권이기도 하지만 국가의 인재를 양성해야 할 중대한 의무이기도 하다. 그러므로 아이들에게 상처를 줄 수 있다는 이유만으로 경쟁을 배제하는 것이 옳은지에 대해서는 사람마다 견해가 다를 것이다.

　　남쪽에서의 성적 경쟁은 공평한 경쟁이 아니다. 사실상 부모들의 경쟁이다. 사교육과 고액 과외의 힘으로 부잣집 아이들이 명문대학을 거의 독점하고 있고, 교육을 통한 서민 자식들의 신분상승은 원천 봉쇄되어 있다. 계급/계층별로 출신학교의 차이가 날이 갈수록 벌어지는 것이 남쪽 교육의 현실이다. 강남 학군처럼 특별한 지역의 문제가 아니라, 일반 고등학교에 대한 평점 기준으로까지 번지고 있다.

　　우리 아이는 강북의 평범한 고등학교를 나왔는데, 그 학교 졸업자들은 모 일류 대학 면접에서 평점을 낮게 받아 입학 자체가 어렵다는 말을 들은 적이 있다. 교육을 통해 구조화되는 계급/계층 질서! 교육의 불평등은 지금 우리 사회가 점점 희망을 갖기 어려워지고 있는 핵심 이유이기도 하다.

　　어머니들의 자식 교육 욕심이야 남북이 똑같겠지만, 남에서는 부모들의 사교육 시장 열풍으로, 북녘에서는 공교육 강화와 영재교육으로 각자의 체제를 뒷받침하는 시스템이 만들어진다. 경쟁이라는 현상은 같지만 조금만 깊이 들어가 보면 양 체제의 본질상

필연적인 차이가 내재되어 있다.

⁝ 북의 중학교 생활과 수재학교(제1중학교)

북녘 중학교는 일반적으로 6년제다. 특기할 점은 중학교 때부터 매년 농번기에 농촌지원활동을 나간다는 것이다. 1~4학년은 연간 4주, 5~6학년은 8주 동안 의무적으로 농촌이나 건설현장을 지원한다. 도시 학교들은 수업을 아예 중단하고, 그 기간 동안 농촌에 기거한다. 또 중학교 4학년이 되면 소년단 생활을 마치고 청년동맹에 가입하게 된다. 청년동맹원의 자격은 '만 14세부터 30세까지의 청년으로 강령과 규약을 실천하기 위해 투쟁하는 자'로 되어 있다. 청년동맹 역시 소년단처럼 몇 단계로 나눠서 차례 차례 가입하게 된다. 먼저 소년단에서 추천 사업을 거쳐야 한다. 다음은 학급과 학교위원회, 구역위원회를 거치면서 심사가 이루어지는데, 이때 청년동맹 규약과 기타 정치학습 과제를 통달해야 한다. 이런 과정을 모두 통과하면 선서를 하고 본인의 사진이 붙어있는 맹원증을 받게 된다.

북녘에는 특목고나 자사고 대신 공식적인 영재학교가 있다. 1986년 수재 양성학교 건설 방침에 의해 '평양 제1중학교'가 설립된 뒤 각 시군으로 확대된 제1중학교들이다. 소학교 졸업생이나 일반중학교 재학생들 중 학교장의 추천을 받아 어렵기로 소문난 이 학교의 입학시험에 응시할 수 있다. 교과서도 별도 제작한 것을

북의 수재학교인 각 지역의 제1중학교	
설립 시기	1986년 '수재를 전문적으로 양성하는 학교를 세울 데 대하여' 교시 이후
소재지	평양 제1중학교가 생긴 이래 1995년 도 소재지, 그 이후 시군까지 확대
입학 대상	소학교 졸업생, 일반중학교 학생 중 학교장의 추천을 받아 시험으로 선발
교육의 특징	교과서 별도, 한 학급 학생 수 25명, 과학과 외국어 중점
	1, 2학년 개인의 지적 능력을 평가, 3학년부터는 학생 적성에 맞게 개별지도
퇴학	1학기와 2학기 두 번 낙제 점수, 퇴학 → 일반중학교로 감 (중학교 상위 30%는 제1중학교에서 낙제점수를 받고 온 학생들)
특전	농촌지원활동 면제, 대학 입학 예비시험 면제받고 본시험 응시 가능

자료 출처: 『북녘 사람들은 어떻게 살고 있을까?』(선인출판사)에서 인용

쓰고, 한 학급 학생 수도 25명 정도로 일반중학교보다 적다. 과학과 외국어에 중점을 두며 1, 2학년 동안 개개인의 지적 능력을 평가해 3학년부터는 개별지도가 이루어진다. 선생님들도 김일성종합대학 등에서 과학과 어학을 전공한 우수 인력이다. 일반중학교에서는 성적이 낙제라도 진급할 수 있지만 제1중학교에서는 1학기와 2학기 두 번 낙제점수를 받으면 바로 퇴학을 당한다. 그러면 일반중학교로 가게 되는데 일반중학교에서 1등에서 5등까지는 대체로 제1중학교에 다니다 퇴학당한 경우라고 하니 수재학교의 관리가 얼마나 철저한지 짐작할 수 있다.

• 중학교의 학력 수준은 어느 정도일까?

대련에 장기 출장 나온 북녘 경제일꾼 부부와 식사를 한 적이 있다. 몇 년째 중국에 살면서 왜 아이들을 데리고 나오지 않느냐고 물었더니 대답이 특이했다. 학력 수준이 중국보다 '조국'이 훨씬 높기 때문이라는 것이다. 특히 어학의 학력차가 크다며, 영어는 물론 중국어조차도 중국보다 평양에서의 교육이 훨씬 낫다는 것이었다.

"생활 중국말을 배우는 것이야 중국에서 사는 것이 훨씬 낫겠지요. 그러나 전문 통역, 번역 등의 고급 중국어는 조국이 훨씬 더 낫습니다."

그래서 평양 할머니 댁에 두고 왔다는데 선뜻 믿어지지 않는다.

북녘의 학생들은 기본 외국어로 영어를 배우는데, 중학교 때 배운 영어만으로도 웬만한 회화는 별 무리가 없다고 했다. 그 말의 사실 여부를 확인할 기회가 있었다. 평양에 있는 중학교를 방문했을 때, 일행 중에 영어 선생님이 있었다. 마침 영어수업을 하는 교실을 방문하게 되었을 때, 한 학생에게 영어로 질문을 했다. 그러자 조금도 주저함이 없이 어찌나 유창하게 대답을 하는지, 영어 선생님이 오히려 잘 대응하지 못하고 얼굴이 빨개졌다. 또 소학교 3학년의 수학 교과서를 남쪽에 가지고 온 적이 있다. 수학 교사들에게 물어보니 우리 초등학교 수학보다 훨씬 어렵다고 한다.

이렇게 공부를 시키려니 1등부터 꼴등까지 사진과 함께 성적

표를 복도에 붙이고 법석을 부리는가 보다. 그런데도 대학 추천 예비시험은 전 중학교 졸업생의 20%밖에 합격하지 못한다니, 전문 지식인을 양성하기 위한 이북식 사회주의 경쟁의 치열함을 미루어 짐작할 수 있다.

⦙ 대학 진학과 취업, 군 입대

　북에도 남쪽처럼 수능시험이 있는데, 1991년부터 공식 채택된 '대학 추천을 위한 예비시험' 제도이다. 당해 연도 중학교 졸업생 전원을 대상으로 실시해 성적이 우수한 학생에게만 대학 추천을 받을 수 있는 자격을 준다. 예비시험을 통해 대학 추천을 받는 학생은 전체 중학교 졸업생의 약 20% 정도이며, 시험에 합격해 바로 대학에 진학하는 학생은 평균 10% 수준이라고 한다. 각 대학에서 중학교를 마치고 곧바로 입학한 경우는 남학생의 경우 전체의 30% 수준으로, 나머지는 군대나 기업소에서 추천을 받는 사회인 출신들이다.

　대학 진학이 좌절된 중학교 졸업자는 거주지 시군 인민위원회 노동과에서 배부하는 문건(이력서, 자서전, 신원진술서, 취직희망서, 신원보증서)을 작성한 다음 학교에 제출하면 학교장이 이에 대한 평정서를 작성해 졸업 3개월 전에 시군 인민위원회 노동과로 제출한다. 이때 취직희망서에 가고 싶은 곳을 세 군데 써서 내는데, 그 안에서 배치가 이루어진다고 한다.

또 중학교 졸업 후 대학에 진학하지 않는 경우, 대부분 군에 자원 입대한다. 대체로 남자는 10년, 여자는 3년 동안 군복무를 하는데, 제대 군인에 대한 사회적 인식도 좋고 대학에 진학할 수 있는 기회도 다시 마련되므로 북녘에서는 군 입대를 선호한다. 대학 졸업자의 경우는 중학교 졸업자와 달리 조선로동당 중앙위원회 간부부의 조정을 받아 대학 당국으로부터 직장을 배치받는다.

졸업 6개월 전부터 직장 배치에 필요한 서류심사를 받은 뒤, 대학 총장 및 청년동맹 비서와 직장 배치에 대한 개별면담을 한다. 이때 자기가 원하는 직장과 직장별 인력수급 현황 등을 종합적으로 고려하여 논의가 진행된다. 이어 중앙당 내각, 시군 인민위원회 등이 각각 최종 심사한 후 그 결과에 따라 직장을 배치한다.

∷ 종합대학, 단과대학, 전문대학, 공장대학

북녘에는 약 280여 개의 대학이 각 지역에 설립되어 있다. 김일성종합대학, 김책공업종합대학, 고려성균관 등 종합대학이 있고, 단과대학은 160개(이공대, 교원대, 외국어대, 상업대 등), 공장·농장·어장 대학 등 직장별 성인대학은 120여 개가 있다. 이밖에도 600여 개의 전문학교가 있는 것으로 알려져 있다.

하루는 북녘 양각도호텔 1층 커피숍에 근무하는 낯익은 접대원이 근심에 차 있었다. 곧 있을 대학 입학시험 때문에 긴장해서라고 한다. 한 달 후 다시 갔을 때, 그 접대원은 합격하지 못했다는 말

북의 대학시험 선발 과정			
대학 추천을 위한 예비 시험	대상		중학교 졸업생 전원
	시기		10월 말 전국적으로 실시
	과목		혁명력사, 영어, 문학, 수학, 화학 물리 (6개 과목)
	방식		오전에만 하루 3개 과목씩 이틀에 걸쳐
	합격자 수		전체 중학교 졸업생의 약 20%
수험생 배정	시행주체		내각 교육성
	시행내용		도별, 대학 전문학교 등 본시험 수험생 숫자 배정
수험 통지서 발급	시행주체		시군 인민위원회 대학 모집과(도에서 할당한 인원수를 바탕으로) 예비시험 합격한 학생 개개인에게 발급
	특기생		평양 연극영화대학, 음악무용대학, 조선체육대학, 외국어대학. 각 대학 간부과 직원이나 교수들이 각 중학교에 나가 시험 면접 등 선발
	예외		예비시험 합격자 가운데 10%는 군대나 기업 이후 대학에 진학
대학별 입학 시험	시기		1월
	방식		해당 학교 기숙사에서 며칠간 기숙하며 시험
	특기사항		군대를 마치거나 기업소 활동 중에 입학하는 비율이 70%
	시험 분야	신체검사	
		체육	100m, 1500m(여성은 800m), 팔굽혀펴기
		필답(주관식)	혁명력사, 문학, 수학, 물리, 화학 영어
		면접	개별 및 집체 담화

자료 출처: 『북녘 사람들은 어떻게 살고 있을까?』(선인출판사)에서 인용

을 들었다. 그렇다고 포기한 것은 아니고 근무하면서 내년에 다시 도전하겠다고 결심했다는데, 지난번보다 훨씬 더 야무진 표정이었다. 장철구상업대학에 가려는 듯했다.

장철구는 김일성 주석의 항일무장투쟁 시절에 작식대원(식사보장 대원)이었는데, 아무리 어려운 조건에서도 군대의 먹거리를 떨구지 않고 해결했을 뿐 아니라, 충실성도 유별났다고 한다. 자식들도 모두 항일무장투쟁에 나서서 영웅적으로 투쟁하고 산화하여 모자가 함께 애국열사릉에 모셔져 있다. 장철구상업대학은 그분의 행적을 기려 만들어진 '충성의 대민봉사를 위한 상업학교'로서의 긍지를 가지고 있다.

⦂ 북녘 식당 '써빙 동무'들

우리가 중국에서 만나는 북녘 식당 종업원들은 이 상업대학을 나온 경우가 많다. 해외에서 3년 일하고 돌아가면 식당 지배인으로 일하게 된다고 한다. 평양호텔 '접대원 동무'들도 고등중학교를 졸업하고 근무하면서 이 대학에 가려고 준비하고 있는 경우를 보았다. 또 책임자급 접대원은 상업대학 졸업자인 경우가 많다. 남쪽에서는 호텔이나 식당의 접대원이라고 하면 별로 선호하는 직종이 아니었는데, '호텔리어'라는 말이 등장하면서 사회적 시선이 많이 좋아졌다.

호텔리어가 호텔 영업과 관련된 전문직이라면 북녘 식당 접대원들은 문화 선전 일꾼에 가깝다고 보면 될 듯하다. 음식 주문을 받으면서 손님과 대화를 나누기도 하고, 식사를 마칠 무렵이면 직접 무대에 올라 공연도 한다. 무대 공연은 손님들의 취향에 맞게 다양한 곡을 부르는데, 통일 노래도 끼워 넣고, 지도자에 대한 충성 노래도 슬쩍 끼워 넣는다. 남쪽 손님들이 정신없이 박수를 치다가 "근데 우리가 무슨 노래에 호응한 거지?"라고 알아차릴 즈음, 어느새 다른 곡으로 넘어가 있다.

접대원들의 당당하고 자유스러우면서도 대중친화적인 매력에 빠져 기분 좋은 식사를 하는 동안 딱딱하고 경직된 사회라는 북녘의 이미지는 얼마간 사라진다. 그런 점에서 접대원들은 외국인이나 남쪽 사람을 직접 상대하는 민간외교관이나 마찬가지다. 북녘에 가서 첫 번째로 만나는 사람들이 바로 '접대원 동무'들이며 이들의 첫인상이 북녘에 대한 이미지를 형성하는 데 결정적 역할을 하니 그럴 만도 하다.

상업대학은 대중들에 대한 직접 봉사부터 제반 실무교육까지 다루는 것 같다. 하긴 위안화, 달러화, 유로화 등을 그때그때 환산해서 계산해주고 거스름돈까지 주어야 하므로 엄청난 계산 실력도 필요할 듯하다. 게다가 정치사상적 교양(우리말로 서비스 철학?)도 하는지, 호텔에서 접대원들과 이야기를 하다 보면 남쪽 남성 손님들의 짓궂은 농담도 재치 있게 잘 받아넘겨 손님들의 감탄사가 나오는 경우가 많다. 기분이 상하지도 않지만 녹록한 상대가 아니라는 느낌이다. 아마도 그런 품격 있는 재치와 대화술도 교육과정에 들어있는 것 같다.

국회의원 한 분은 처음 옥류관을 갔다가 '접대원 동무'라는 말이 생각이 나지 않았던 모양이다. 추가 주문을 해야 하는데, 마음은 급하지만 남쪽처럼 '아가씨'나 '이모'라고 부를 수도 없고, 말이 뱅뱅 입에서 돌다가 결국 튀어나온 말이 '써빙 동무'였다고 후일담을 늘어놓은 적이 있다. 접대원이라는 말이 우리 사회에서는 좀 이질적인 개념인 탓이다.

⦙ 북녘에도 캠퍼스 커플이 있을까?

북녘에는 나이 많은 대학생이 무척 많다. 남북 대학생 상봉 모임을 하다 보면 북 대학생 중에 머리가 벗겨진 아저씨 대학생들이 눈에 띈다. '대학생 상봉 모임에 웬 아저씨? 혹시 학생으로 위장한 정보원?' 북녘 안내 선생들은 공부를 너무 열심히 해서 머리까지 벗겨졌다며 웃었다. 그 후 군대 10년을 마치고 대학생이 된 경우가 많다는 말을 듣고서야 이해가 되었다. 얼핏 통계를 보니 대학 입학생의 30%만이 중학교 졸업 후 바로 진학한 경우이고 나머지는 10년 군복무를 마치고 오거나, 공장에서 일하다가 입학한 사람들이다. 딱 보기에도 30대 대학생이 전체의 반 이상을 넘는 것 같다. 민화협 리선생도 10년간 군복무를 마친 후 김일성종합대학에 진학했는데 합격자 명단에서 이름을 확인하고, 너무 좋아 기절까지 했다고 한다.

청춘남녀가 만나는데 어찌 연애가 없을까? 북녘 안내원 김 선생 부부도 캠퍼스 커플이었다. 대학이나 인민대학습당에서 책을 펼쳐놓고는, 캠퍼스를 돌아다니며 눈에 띄지 않게 데이트를 했다고 한다. 자기 아내를 '우리 놀새'(공부는 안 하고 놀았다는 뜻)라고 부른다고 한다. '우리 놀새'는 지금은 중국계 은행에서 근무하는데, 중국인들 때문에 스트레스가 심하다고 한다. 나는 민족화해협의회 분들에게 늘 미안했는데, '우리 놀새'는 남쪽 사람들 이야기를 들으면서 '역시 우리 동포가 제일'이라는 말을 여러 번 했다고 하니, 갑자기 좀 뿌듯해지기도 했다.

한번은 김 선생이 허리를 제대로 쓰지 못했다. 어찌 된 거냐고 놀리니, '우리 놀새'가 미끄러질까 봐 집 앞에 수북이 쌓인 눈을 치우느라 무리를 했다고 너스레를 떤다. 믿거나 말거나!

또 다른 안내원 림 선생은 아내가 나처럼 살집이 좀 있는 편인데, 대학을 졸업하고 인사차 은사님 댁을 방문했더니 딸을 소개시켜주었다고 한다. 림 선생은 남쪽 표현으로 꽃미남 스타일인데, 처음에는 은사님의 말을 거역할 수 없어 할 수 없이 교제를 시작했다고 입에 침도 안 바르고 거짓말을 한다. 지금은 금슬 좋은 부부라니 봐주기로 했다. 북의 소설책을 보면 야회(명절 때 광장에 쏟아져 나와 춤추며 노는 행사) 때 본 여성에게 반해 연애까지 이르는 남성들의 이야기도 자주 나온다.

부부 이야기가 나온 김에 한 가지만 더 예를 들자. 안내원 신 선생 부인은 우리가 지원한 '대동강 어린이 빵공장 옥류'에서 일했다. 빵공장을 갔을 때 누군가 신 선생 부인이 여기서 일하는데, 숨

우리겨레하나되기운동본부가 건설한 '북녘 어린이 빵공장'에서의 빵 생산 장면.

었다고 귀띔해주었다. 빨갛게 단 얼굴로 문 뒤에 서 있는 종업원
아주머니였다. 남편이 왔는데 부끄러워서 숨었다고 한다. 부부가
부끄러움이 많은 것이 똑같았다. 몇 년이 지나고서야 신 선생도 지
갑에 넣어 다니는 가족사진을 보여줄 정도로 친숙해졌지만, 그때
의 당황하던 모습은 지금도 눈에 선하다.

5. 북녘의 국가주권, 선거, 조직생활

⁝ 북의 국가주권은 어디에 있을까?

　　북녘 헌법에서는 "조선민주주의인민공화국의 주권은 로동자, 농민, 군인, 근로인테리를 비롯한 근로인민에게 있다. 근로인민은 자기의 대표기관인 최고인민회의와 지방 각급 인민회의를 통하여 주권을 행사한다"라고 명시하고 있다. 따라서 주민들이 최고인민회의와 지방인민회의를 통해 주권을 행사한다. 최고인민회의는 우

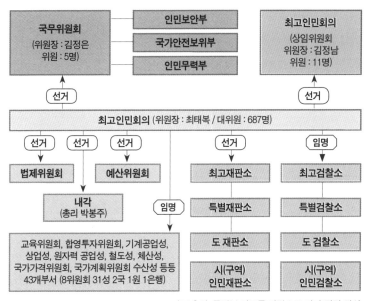

자료 출처: 통일부 자료를 바탕으로 저자 직접 작성

리 국회와 비슷하며, 도·시·군마다 있는 지방인민회의는 우리 지방
의회와 비슷하다. 이 대의원들은 주민 선거로 결정한다.

최고인민회의는 북녘의 최고 주권기관이다. 입법권이 있고
헌법을 수정·보충할 수 있으며 국가 정책의 기본원칙을 세우고 예
산안을 승인한다. 북녘의 최고 지도자인 국무위원회 위원장을 포
함해 국가 대표인 최고인민회의 상임위원회 위원장과 위원, 국무
위원회 부위원장과 위원, 내각총리, 최고재판소 소장을 선출·소환

북의 최고인민회의 대의원 구성비율					
	구분	제13기 (2014년)	제12기 (2009년)	제11기 (2003년)	제10기 (1998년)
직업별	노동자	12.7%	10.9 %	33.4 %	31.3%
	협동농장원	11.1%	10.1 %	9.3 %	9.3%
	기타	76.2%	16.9 %	미언급	미언급
연령별	35세 이하	3.9 % (39세 이하)	1%	2.2 %	1.9%
	36~55세 이하	66.9 % (40~59세)	48.5 %	50.1 %	48.5%
	56세 이상	29.2 % (60세이상)	50.5 %	40.7 %	49.6%
성별	여성	16.3 %	15.6 %	20.1 %	20.1%
	남성	83.7 %	84.4 %	79.9 %	79.9%
학력별	대졸	94.2%	94.2 %	91.9 %	85%
	전문대 이하	5.8%	미언급	6.1 %	15%
기타	명예칭호 소유자	44.8%	42.4 %	48.0 %	68.8%
	학위 학직 소유자	92.7%	90.4 %	89.5 %	64.5%

자료 출처: 통일부

할 수 있다. 김정은 위원장은 조선로동당의 최고영도자로서는 추대되지만, 국가기구인 국무위원장으로서는 선거라는 절차를 거쳐야 한다. 비록 조선로동당의 최고 책임자라 하더라도 국가 공식 기구(국무위원회)의 장이 되기 위해서는 최고인민회의에서 선출되어야 한다는 의미이다.

또 최고인민회의는 장차관과 최고검찰소 소장을 임명하기도 한다. 임기는 5년이며 불체포 특권이 있다. 최고인민회의 대의원 수는 인구 3만 명당 1명으로 현재는 687명인데 우리에 비해 인구수에 따른 비율은 네 배 이상이다. 참고로 정당별 의석수를 보면 조선로동당이 606석, 조선사회민주당이 50석, 천도교 청우당이 22석, 총련(재일본조선인총련합)이 6석, 무소속 등이 3석이다.

도(직할시), 시(구역), 군 인민회의는 지방인민위원회(우리의 지방자치단체)를 지휘하는 역할을 하는데, 휴회 중일 때는 지방 인민위원회가 지방주권기관과 행정집행의 기능을 모두 갖는다는 점에서 우리와는 좀 다르다. 임기는 4년으로 최고인민회의보다 1년 짧으며 대의원 수는 통상 인구 1,000명당 1명으로 현재 2만 8,116명이다. 이 역시 남쪽의 총 3,687명(광역 789명, 기초 2,898명)보다 많다.

⦂ 북의 선거 절차와 대의원 등록과정

우리는 조선로동당이 일괄 후보 추천을 하면 주민들의 100% 찬성으로 당선되는 것으로 알고 있다. 이대로라면 북의 선거는 진짜 요식행위에 불과하다는 비판을 면할 수 없다. 그러나 대의원 후보자 등록절차부터 살펴보면 이런 평가가 무척 왜곡되었다는 것을 알 수 있다. 대의원 후보자는 주민들이 직접 추천하거나 혹은 정당, 사회단체가 추천하도록 되어 있다. 후보자가 추천되면 구 선거위원회가 100명 이상으로 구성된 선거자회의를 소집해 자격심의를 한다. 우리로 치면 선거관리위원회와 비슷하다.

헌법 제6조에는 "군 인민회의로부터 최고인민회의에 이르기까지의 각급 주권기관은 일반적, 평등적, 직접적 원칙에 의하여 비밀투표로 선거한다"고 되어 있다. 일반, 평등, 직접, 비밀투표의 원칙도 우리와 같다. 재판을 통해 선거권을 박탈당했거나 정신질환으로 선거 능력이 없다고 판정된 경우를 제외하면 17세 이상 누구나 선거권과 피선거권을 갖는다. 해외 동포도 선거권 피선거권이 있는데, 다만 투표는 북녘에 들어와서 해야 한다.

선거철이 되면 최고인민회의 상임위원회가 중앙선거위원회를, 지방인민위원회가 지방선거위원회를 정당, 사회단체에서 추천한 각계각층 성원들로 구성한다. 선거위원회는 선거권자 명부를 작성해 공시하는데 주민들은 이 명부를 확인하고 잘못이 있으면 문제를 제기한다. 선거운동은 후보자 등록이 끝난 때부터 할 수 있다. 후보자 수는 제한이 없지만 단일후보로 등록되면 찬반투표를 하게 된다. 투표장에는 주민 5명이 참관을 하며 다른 지역 사람도 선거권 증명서만 있으면 투표할 수 있다. 노약자와 장애인을 위한 이동투표함도 운영한다. 과반의 찬성을 받은 후보는 당선이 되며,

반대가 더 많거나 찬반의 수가 같은 경우 모두 낙선 처리된다.

북녘의 선거에 대해 100%에 달하는 투표율과 100% 찬성률을 먼저 떠올리고, 요식행위에 불과하며 북은 '독재사회'라고 생각하는 사람들이 많다. 그렇지만 이런 결론을 내리기 전에 북은 사회주의 사회이며 자본주의를 퍼뜨리기 위한 정치활동을 금지한다는 점에 대해 먼저 생각해보아야 한다.

: 북의 정당은 세 개지만 우리와 같은 다당제는 아니다

북녘에는 조선로동당 외에도 천도교청우당, 조선사회민주당이 있고, 이 정당 출신 최고인민회의 대의원도 있지만 우리 사회처럼 집권을 위해 서로 싸우는 다당제는 아니다. 조선로동당에서 사회민주당이나 천도교청우당을 야당이라고 하지 않고 우당이라고 부르는 이유다.

헌법 제11조를 보면 "조선민주주의인민공화국은 조선로동당의 령도 밑에 모든 활동을 진행한다"라고 조선로동당의 영도를 명시했다. 또 제12조에는 "국가는 계급로선을 견지하며 인민민주주의 독재를 강화하여 내외적대분자들의 파괴책동으로부터 인민주권과 사회주의 제도를 굳건히 보위한다"라고 되어 있다. 조선로동당이 북을 영도하는 당이라는 것을 헌법에 못 박은 것이다. 그런데 군이 왜 사회민주당과 천도교청우당 등 우당이 필요했을까? 역시 일당 독재를 가리기 위한 기만술인가? 기만술이라면 헌법에 조선로동당의 영도를 명시할 필요는 없었을 것 같은데 아예 헌법에 조선로동당의 영도를 못 박아놓고 우당을 만들다니 이상하다. 두 당이 있어야 할 객관적인 필요성은 무엇일까?

사회민주당은 북조선 정부 수립 이전, 중소상인과 민족주의적 기독교 세력과 힘을 합쳐 정세에 대응할 필요가 있어 세워진 정당이다. 조선로동당은 노동자 농민의 정당이었기 때문에 중소상인과 민족주의 세력을 대변한다고 볼 수는 없었다. 따라서 이들을 위한 정당을 만들고 이들과 연대하여 정치상황에 대응하는 것이 당시 북녘 사람들을 하나로 단결시킬 수 있는 길이었다.

그때와 상황은 달라졌지만 사회민주당의 필요성이 없어진 것은 아니다. 지금은 조선로동당이 흡수하지 못한 계층의 이익을 대변하기보다는 남쪽이나 국제사회에서 여러 정치세력과 연대하기 위한 독자적인 단위, 조선로동당이 할 수 없는 여러 대화 채널이 필요하기 때문인 것으로 보인다. 사회민주당 김영대 대표가 남쪽 통일운동 단체 대표들을 만나는 공식적인 자리에 참석하는 것도 같은 맥락인 것 같다. 북녘 천도교청우당은 천도교와 민족종교 전체를 아우르고 발전시킬 대책을 세우는 것으로 추정된다. 단군릉 개천절 민족공동행사도 북녘의 주관단체는 천도교청우당이다.

⁑ 집단주의 사회에서의 조직생활

만 14세(중학교 4년) 때부터 시작되는 김일성사회주의청년동맹(청년동맹)에 대해 살펴보자. 청년동맹 가입 절차는 까다롭다. 학급의 추천을 받아 학교 단위 초급단체의 심의를 거친 다음 시군 청년동맹 학생부의 심의에 합격해야 가입식을 거쳐 청년동맹원증을 받는다. 청년동맹은 강연회, 학습회, 생활총화 등 조직생활을 하며 각종 증명서를 발급해준다. 청년동맹원이 되고 나면 남녀 모두 '붉은청년근위대'에 들어가게 된다. 중학교 4학년부터 5학년까지 2년 동안 이곳에서 초보적인 군사훈련을 하게 되는데, 주당 6시간의 학교별 훈련과 별도로 연간 15일 동안 의무적으로 각 시군이나 소재지 근위대 야영훈련소에 입소해서 훈련을 받는다.

중학교 5학년(만 15세) 때는 '배움의 천릿길, 백두산 행군'을 간다. 김일성 주석이 열두 살 때 "조선을 알아야 한다"는 아버지의 말에 따라 중국 팔도구를 떠나 평양까지 혼자 걸어서 나온 길을 따라 도보 행진을 하며 그 정신을 기린다.

대학생은 '광복의 천릿길' 행군을 하는데, 김일성 주석이 아버지가 일제 경찰에 잡혔다는 연락을 받은 다음 "나라를 찾기 전에는 조국 땅에 다시 오지 않으리라"는 결심을 하고 떠난 길을 따라 걷는다. 1930년대의 항일유격대원처럼 군복 차림으로 혁명가요를 부르며 하루 150리를 걷는 강행군이다. 배움의 천릿길과는 반대로 평양에서부터 개천, 회천, 강계, 후창을 거쳐 백두산까지 간다.

청년동맹원 중에서 조선로동당에 가입한 사람들은 조선로동당으로 옮기게 되며, 입당하지 못한 사람들은 30세까지 청년동맹에서 조직생활을 한 후 직업총동맹(직총), 농업근로자동맹(농근

당(黨)

조선로동당

위원장

추대 ❶

당대회*

(당대표자회**)

선거 ❷

당중앙위원회

조직 ❸	조직	조직 (정무국)	선거 (부위원장)	선거	선거

당중앙군사위원회

위 원 장

위   원

정치국

상 무 위 원

위   원

후 보 위 원

정무국

당 위 원 장

당중앙위 부위원장

검열위원회

위 원 장

1부위원장

부 위 원 장

위   원

당중앙검사위원회

위 원 장

부 위 원 장

위   원

지도

도(직할시·특별시) **당대표회**

선거

임명

전문부서(19개)

조직지도부	선전선동부	간부부	경공업부	경제부
과학교육부	국제부	군사부	군수공업부	근로단체부
농업부	당역사연구소	문서정리실	민방위부	신소실
재정경리부	총무부	통일전선부	39호실	

도(직할시·특별시) **당위원회** ❺

평양시	나선시	남포시
강원도	양강도	자강도
평안북도	평안남도	황해북도
황해남도	함경북도	함경남도

* 부서배열 순서 : 조직지도부·선전선동부 외에는 가나다순

❶당대회 당대표자회 : 당노선·정책 수립, 강령 규약 채택,
　　　　　　　　　당위원장 추대, 각종 당사업 토의
❷당중앙위원회 : 당의 모든 사업을 조직·지도, 당의 재정 관리
　　　　　　　　(전원회의는 1년에 1회 이상 소집)
　- 정치국 : 당의 모든 사업을 조직·지도
　- 정무국 : 당 내부사업 등을 토의·결정, 집행을 조직·지도
　- 검열위원회 : 당 조직규율 적용·해제 실무 전담

❸당중앙군사위원회 : 군사분야의 모든 사업을 당적으로
　　　　　　　　　조직·지도, 당의 군사노선·정책
　　　　　　　　　수립 및 국방사업 지도
❹당중앙검사위원회 : 당의 재정관리 사업을 감사
❺인문군 인민내무군 철도성 등의 당조직도 도당급
　(당대표회와 당위원회가 있으며 당중앙위원회의 지도를
　받음)

자료 출처: 「북한 권력기구도」(통일부, 2017.12.)

맹)으로 소속을 옮기게 된다. 결혼하여 전업주부가 되면 사회주의 여성동맹(여맹)으로 가게 된다. 직업동맹은 사회주의여성동맹, 농업근로자동맹 등에 가입하지 않은 30세 이상의 모든 노동자, 기술자, 사무원을 대상으로 하는 조직이다. 가맹원은 약 160만 정도라고 하는데, 직업동맹의 중앙기구는 위원장과 부위원장 밑에 9개의 부서가 있고 산하단체로는 9개의 산업별 직업동맹이 있다. 또 도 및 시군까지 직업동맹위원회가 구성되어 있다. 우리 민주노총이나 한국노총과 비교해볼 수 있는 단체이다.

농업근로자동맹은 각 군 단위로 농업근로자동맹 조직위원회가 편성되는데, 모든 협동농장원은 물론 농장과 관련 있는 부문에 종사하는 사람들 모두가 가입하며 현재 130만 명 정도라고 한다.

북쪽 사람들이 갈망하는 조선로동당원이 되는 절차는 어떨까? 조선로동당에 입당하려면 1년 동안의 후보당원 기간을 거쳐야 한다. 후보당원도 절차가 필요하다. 당에 가입하려는 사람은 입당청원서와 당원 2명의 입당보증서를 당 세포에 제출해야 한다. 당 세포 총회에서 토의를 거쳐 자격 유무를 결정하면 시군 당위원회에서 비준한다. 조선로동당원은 직장과 지역에 따라 5~30명 단위로 당 세포를 구성하고 세포비서의 지도 아래 당원으로서 활동한다.

3부

북녘의
종교·문화·
가치·사람들

1. 종교 있으세요?

● 신앙의 자유는 있지만 거리 포교의 자유는 허용되지 않는다

북의 헌법은 신앙의 자유를 허용한다. 1948년에 처음 만들어진 헌법 제2장 공민의 기본적 권리와 의무 제14조에 "공민은 신앙 및 종교의식 거행의 자유를 가진다"라고 규정했다. 기독교 1만 2,000여 명, 가톨릭 3,000여 명, 불교 1만여 명, 천도교 1만 3,000여 명 정도의 종교인들이 있다. 이들은 법적 제도적 보호를 받으며 단체로 신앙생활을 한다.

조선기독교연맹은 평양 봉수교회, 칠골교회와 전국 500여 개의 가정교회에서 20여 명의 목사와 130여 명의 전도사들이 활동하고 있다. 조선가톨릭협회는 평양 장충성당과 500여 개의 가정 예배처가 있다. 조선불교도연맹 산하에는 60여 개의 사찰과 300여 명의 승려들이, 조선천도교회는 중앙교당과 800여 개의 전교실이 있다. 가정교회를 지하교회라고 주장하는 사람들이 있는데, 전혀 근거가 없다.

김일성 주석은 회고록 『세기와 더불어』에서 온 세상 사람들이 평화롭고 화목하게 살기를 바라는 기독교 정신과 자주적인 삶을 주장하는 북의 사상은 모순되지 않는다고 했다. 또 생전에 여러 차례 "하느님을 믿어도 조선의 하느님을 믿어라"라고 했다. 신앙의 참 정신을 나라와 민족을 위해 쓰라는 뜻이다. 북은 신앙의 자유를 인정하되, 자신의 신앙을 절대화하여 아무 데서나 거리 포교를 하는 것은 사회적으로 용납되지 않는다. 1972년 사회주의 헌법에서는 신앙의 자유를 허용하면서, 이와 함께 반 종교 선전의 자유를 갖는다는 것도 명문화했다. 하느님의 나라를 주장하며 외세의 영향력이 묻어 들어오는 것을 허용하지 않는 사회 분위기를 고려한 규정인 것 같다.

최근 우리 정부가 교황의 북녘 방문을 추진하자 언론에서 북녘에는 종교의 자유가 형식적으로만 있다느니, 반만 있다느니 하는 참 희한한 이야기를 한다. 우리나라처럼 종교에 대해서 과세도 못하고, 차에다 큰 확성기를 매달고 찬송가를 울리며 거리를 달리고, 가가호호 문을 두드리며 "OO 믿으세요"라고 포교하는 사람들이 없다고 해서 종교의 자유가 없다는 것일까?

오늘날은 세계적으로도 신앙과 선교의 자유 중 신앙을 더 중시하는 분위기다. 나는 선교꾼들을 볼 때마다 그 독선에 기가 질릴 때가 한두 번이 아니었다. 종교인들이 삶에 지친 민중들에게 휴식과 안식을 줄 수 있다면 얼마나 좋을까! 수행자의 모습은 참 아름답다. 반면 자기 신밖에 모르고, 이 세상의 모든 가치보다 자신의 신을 배타적으로 높게 평가하고, 사람들을 가르치려고 드는 일부 독선적인 종교인들을 볼 때마다 삶이 더 피곤해진다.

북녘 사람들은 종교를 잘 모른다. 가난하지만 생활에 큰 불만이 없다 보니 천당에 대해 생각해보지 않았다고 한다. 또 집단주의

사회에서 살아가는 사람들인 만큼 우리 사회에서 교회가 제공하는
공동체의 역할도 크게 필요하지 않은 듯하다. 그런 사람들을 붙잡
고 "죽어서 천국에 가야 한다"라고 하면, 어떤 반응들일까?

: 북의 종교는 가짜라는 생각

북을 다녀온 종교인들 중에는 "북 종교가 진짜냐" 하는 질문
에, "가짜라고 알지만 모른 척한다"라고 대답하는 분들이 많다. 북
을 위한 배려인지, 불신인지 헷갈리는 표현인데, 그분들의 진짜 생
각이 무엇인지 늘 궁금했다. 북의 종교가 진짜인지 우리를 혼란스
럽게 하는 이유 중에는 종교의 형식과 관련된 문제도 있는 것 같다.

종교란 사소한 형식에도 아주 예민해서, 조금만 형식이 달라
도 신심이 생기기 어렵다. 천주교의 예를 들어보면 북에는 장충성
당과 신자들은 있어도 신부는 없다. 이렇게 말하면 신부가 없으니
북의 가톨릭은 역시 가짜라는 확신을 더 가질지 모른다. 그런데 북
의 가톨릭 신자들은 사제가 없어 미사를 드리지 못하는 대신 공소
예절로 주일을 지키며 성당에 다니고 있다. 이들은 가짜인가? 장충
성당에 사제가 없는 것은 북의 가톨릭 신자들이 로마교황청 체계
를 무시하기 때문이 아니다. (여기에 대해서는 뒤에서 설명한다.)

우리와 종교 형식이 다르다고 가짜라고 단정해버리는 것은
편견이다.

1998년 5월 평양 장충성당을 다녀온 최창무 주교에게 어느 신

자가 물었다.

"그들이 진짜 신자던가요?"

최 주교는 담담히 "당신은 진짜 신자입니까?"라고 되물었다.

('경향잡지' 2005년 6월호 31쪽)

사실상 인간 내면의 신앙세계가 진짜인지 허구인지를 누가 판단할 수 있겠는가!

፥ 대처승과 비구승

'스님' 하면 우리는 세속과 인연을 끊은 청정 비구를 떠올린다. 조선시대부터 우리 불교는 비구승 중심이었다. 그러나 조선의 억불정책으로 수행 승려만으로는 사찰의 제반 업무를 관장할 수 없었다. 후기에는 천민이나 도망 노비 중에서 사찰의 살림을 맡아 돌보는 사람들이 생겨나게 되었는데, 조정에서는 이들에게도 한 번씩 도첩을 발행해주었다. 비구승이 존경받기는 했지만 비구와 대처가 공존하는 체제였다는 뜻이다.

원효대사는 우리나라 최초의 대처승이라고 볼 수 있다. 한용운 스님도 두 번의 결혼을 한 대처승이며, 승려의 결혼 인정을 요구하는 활동도 했다. 일제 강점기 일본 대처승의 영향을 받아 우리나라에도 대처승들이 늘어나게 되었다. 해방 이후 이승만 대통령은 일제 잔재를 청산해야 한다는 명분으로 대처승들을 사찰에서 쫓아냈는데, 이때부터 비구와 대처 간의 분쟁이 시작되었다. 지금도 태고종에서는 조계종과 달리 대처승을 인정한다.

사찰에서 상주하지 않고 삭발도 자유롭게 선택하는 북의 승려들을 보면서 승려가 아니라는 느낌을 갖는 것은 자연스럽다. 그렇다고 북의 불교를 '쇼윈도' 종교라고 할 수 있을까? 북에는 67개의 사찰이 있으며 승려가 되기 위해서는 승려 양성 교육 등 절차도 거쳐야 한다.

'조선불교도련맹' 청사에는 4년제 '불학원'이 있다. '불학원' 이외에도 김일성종합대학 종교학과 졸업자, 지방 불교강습소 수료생 중 승려 희망자들은 '법계자격고시위원회'가 주관하는 고시를 통과하면 승려가 될 수 있다. 1982년부터 열 차례 북을 방문했던 루이제 린저는 "우리를 맞은 그 승려는, 깊은 산중에는 아직도 수도승들이 있다고 했다"라며 수도하는 승려들이 없다는 근거는 어디에도 없다고 회고했다.

● 해방 무렵의 북녘 기독교

북은 공산국가이기 때문에 처음부터 종교를 탄압했다고 아는 분들이 많다. 이는 닭이 먼저인지 계란이 먼저인지 논쟁이거나 혹은 역사적 왜곡이다. 서양 열강은 무장한 함대로 아시아와 아프리카의 문호 개방을 강요하기에 앞서, 신부와 목사의 선교활동을 통해 그들의 사상과 문화를 전파했다. 그들이 나누어준 성경책과 묵주에 묻어 들어온 서양 문화에 대한 동경은 주민들의 서방에 대한 적대감을 완화시켰고, 전통 종교와 풍습을 무시하는 경향을 낳게 만들었다. 함포외교를 앞세운 통상압력에도 신부와 목사들은 어김없이 동행했다.

제너럴셔먼호와 함께 평양에 들어온 토마스 목사, 고종에게 금광 채굴권 등 수많은 이권을 미국으로 넘기게 한 알렌(목사이자 의사) 등은 병원과 학교를 세워주면서 그 목적이 선교에 있음을 부인하지 않았다. 하지만 그들이 말하는 선교는 미국과 같은 자본주의 나라를 만드는 것이었으며 그들은 공공연하게 자국의 이권을 옹호하는 대리인들이었다.

민족의 독립을 기치로 항일운동을 해온 북의 사회주의자들이 서양 종교 자체를 그다지 좋아하지 않는 감정은 이해가 되고도 남는다. 그러나 1945년 해방 직후에는 종교를 문제 삼지 않았을 뿐 아니라 종교지도자들과 함께 공동전선을 구축하려고 애썼다. 아직 사회주의 국가를 수립할 여건이 되지 않는 상황에서 자주적인 정부를 수립하기 위해 종교인들의 지지가 절실했기 때문이다. 따라서 민족의식이 있는 종교지도자들을 찾아 정부 수립을 위한 제반 여건을 함께 마련하는 것을 중요한 과제로 보았다.

그럼에도 1946년에 실시된 토지개혁으로 개인의 토지뿐 아니라 교회, 절 등 종교단체의 토지가 국유화되자 종교단체들은 타격을 받았다. 지금 종교인 과세를 놓고 종교인들의 반발이 만만치 않은 것과 비교해보면 이때의 상황을 이해할 수 있을 듯하다. 하지만 북의 토지개혁은 전 사회적인 것이었으므로 종교인들의 반발 여부에 대해서는 좀 더 연구가 필요하다. 개신교 장로교 신도이며 독립운동가, 교육운동가로 유명했던 조만식 선생의 예를 들면, 당시 북의 종교인들과 북 지도부의 관계를 알 수 있을 것 같다.

● 북 정부 수립과 조만식 선생

김일성 장군과 조만식 선생의 첫 만남은 해방 뒤인 1945년 9월 말, 소련 로마넨코 소장, 제레데프 소장 등과 동석한 자리에서였다. 당시 김일성은 완전한 자주독립과 각계각층의 단결과 협력을 강조했고, 조만식도 공감했다. 조만식은 1945년 10월 14일 개최된 '김일성 장군 개선 환영 평양시 군중대회'에 발기준비위원회 위원장으로 환영사를 했다. 조만식은 김일성의 외삼촌 강진석과 같은 교인으로 가족적인 내왕도 있었으며 서로 소통이 잘 되는 편이었다고 한다. 김일성은 조만식을 위하는 발언을 자주 하는 등 겸손했고, 조만식도 김일성에게 호감을 가졌다고 한다.

1945년 10월 말 김일성은 조만식을 찾아가 조선민주당 창당을 논의했다. 노동자 농민의 정당이었던 '조선공산당' 창당을 준비 중이었으나 '조선공산당'만으로는 중소상공인 등 각계의 입장을 대변할 수 없었기 때문이다. 당시 평안남북도와 황해도에서는 기독교계 민족주의 세력이 우세했으며 조만식은 영향력 있는 정치적 지도자였다. 김일성은 고려호텔에 묵고 있던 조만식을 여러 번 찾아가 '조선민주당' 창당 문제를 논의했고, 처음에 주저하던 조만식의 설득에 성공했다.

하지만 소련군의 횡포에 분노한 조만식은 소련군과의 관계가 좋은 편이 아니었다. 게다가 신탁통치에 대한 이견으로 관계가 본격적으로 나빠지기 시작했다. 그러나 김일성 장군과의 개인적인 친분은 유지하고 있었다. 북이 조만식 선생을 종교적인 이유로 탄압했다는 것은 사실이 아니다.

⁝ 북은 6.25 때 가톨릭을 몰살했다?

미국은 한반도의 통일정부 수립을 결사적으로 막은 데 이어, 공산주의 세력이 소련의 비호 하에 북녘에 사회주의 정권을 수립하는 것도 바라지 않았다. 이런 상황에서 북에 살던 기독교, 가톨릭 지도자들은 참 혼란스러웠을 것 같다. 1949년 4월 28일에 덕원수도원 인쇄소 책임자였던 독일인 루도빅 휘서 수사가 불온유인물 인쇄 혐의로 체포되고, 5월 11일에는 나머지 독일인 신부, 수사들과 한국인 신부 다섯 명이 모두 체포되었다. 덕원수도원은 폐쇄되었으며 함흥교구 홍용호 주교도 행방불명되었다.

남쪽은 이때 천주교가 북에서 가혹한 탄압을 받아 절멸했다고 주장하지만 근거는 없다. 1950년에 6.25가 터지고 북의 20여 개 성당은 모두 불에 타버렸는데, 성당에 불을 지른 것도 북의 공산주의자들이 아니라 미군이었다. 북을 초토화시켜 공산주의자들의 씨를 말리기 위한 민간인과 군인을 가리지 않는 무차별 폭격이었다. 평양만 해도 집 두 채만 남기고 완전히 폐허가 되었다니, 다른 곳도 비슷할 것 같다.

1.4후퇴의 시작이었던 1950년 12월 8일의 흥남 철수 장면은 잘 알려져 있다. 남으로 내려가려는 무수한 사람들의 아우성! 그때 북녘 피난민들이 대거 남으로 내려왔다. 이 사건을 북 사회주의 정권의 가혹한 주민 탄압 때문으로 알고 있는 사람이 많다. 그러나 사실은 흥남 철수 20여 일 전에 있었던 장진호 전투에서 중국 인민군의 공격으로 미군이 엄청난 타격을 받은 후, 트루먼 대통령이 '핵 사용 불사' 발언을 하자 급히 피난길에 나선 사람이 대부분이었다.

▪ 가톨릭 재건을 위한 북의 노력들

1978년부터 2005년까지 27년 동안 재임한 교황 '요한바오로 2세'는 한반도의 통일 문제와 북의 가톨릭 실상에 관심이 많았다. 교황청의 관심에 따라 남쪽 가톨릭은 1982년 12월 '한국천주교200주년기념사업회' 산하 '북한선교부'를 출범시켰다. 1984년 3월, 북미주 교포 사목 고종옥 신부는 이산가족 상봉단으로 평양을 방문했다. 방북 직후 서울에 온 그는 "평양에는 가톨릭 성당이 존재하지 않았으며, 예상과는 달리 북 당국은 가톨릭 사제인 나에 대해 배타적인 태도를 보이지 않았다"라고 회고했다. 그 후 고 신부는 파리로 가서 2년 동안 본격적인 대북 파송 훈련과 준비에 들어갔으나 1987년 1월 미국 산호세 한인천주교회 주임신부로 발령을 받으면서 대북 파송은 무산되었다. 명절 때면 한복 입고 갓을 쓴 채 미사를 드리기도 한 고종옥 신부는 『43년 만의 귀향』이라는 저서를 남기기도 했다.

북은 1987년 6월 평양에서 열리는 '비동맹특별각료회의'에 바티칸 대표단의 참석을 요청했다. 교황청은 제네바 유엔기구 교황청 사절단의 고문 주세페 베르텔로 몬시뇰 주교와 서울대교구 장익 신부를 파견했다. 장 신부는 평양에서 가톨릭 신자들의 근황을 파악했고, 김승렬(야고보), 마등룡(바오로), 윤봉순(모이세), 박덕수(말구), 홍도숙(데레사) 등 다섯 명의 신자들과 상봉할 수 있었다. 그리고 이들이 6.25 이후에도 각자 신앙생활을 해왔음을 확인했다.

"전쟁 시 미군 폭격으로 모든 성당이 파괴되고 교우들이 사방으로 흩어진 이래, 각자 가정에서 형편 되는 대로 신앙생활을 해왔다고 한다. 여전히 조만과와 삼종경을 바치고 있었고, 주일이면 주모경을 서른세 번 대송하며, 첨례표(교회력에 따른 중요한 축일을 한 장으로 기록한 표)가 없어 이동 대축일은 정확히 알 수 없으나 짐작하여 전날 대재(절제와 극기를 지키는 단식재)를 지킨다고 했다. 박말구와 홍 데레사 부부는 큰 참례를 그냥 보내기가 너무 허전하여 둘이서 옛날부터 외워오던 라틴말 성가를 함께 부르기도 했으며, 윤 모이세 농부는 신공책도 없어 그저 벽에 걸린 십자가상 하나만 바라보며 신앙생활을 한다고 했다."

성당도 없는 조건에서 신앙을 지켰다는 것에 대한 경외감마저 들었다고 장 신부는 회고했다. 장 신부는 교황청에 이 사실을 알렸다. 이듬해인 1988년 4월, 북의 박덕수와 홍도숙 신자 부부는 바티칸의 초청을 받아 부활절 대축일 전례에 고해성사와 영성체를 받을 수 있었다. 이날 찍은 교황 알현 기념사진은 지금도 장충성당 제의실 벽면에 걸려있다.

⁝ 가톨릭에 숨어있는 분단의 고통과 꼬여버린 북 가톨릭 재건과정

교황청의 특별 배려로 박덕수 홍도숙 부부는 귀국하지 않고 교황청에서 설립한 명문 '우르바노대학교'에 입학했지만 1년이 안 돼 북으로 돌아갔다. 중국과 연관이 있는 문제라고 짐작하는 사람이 많지만, 교황청과 남쪽 가톨릭과의 관계 문제도 있는 것으로 보인다.

그 무렵 김수환 추기경은 "장익 신부가 비동맹국가 각료회의를 마치고 북이 보낸 나의 방북 초청장을 갖고 돌아왔다. …… 그 후 장충성당 헌당 축성식을 겸해 나의 방문 일정을 구체적으로 협의하기 위해 장익 신부와 정의철 신부가 평양에 갔는데, 북에서 막판에 문제를 제기하며 난색을 표하는 바람에 평양교구장을 맡고 있던 나의 평양 방문이 흐지부지됐다"라고 회고했다.

1988년에 평양 장충성당이 건립됐다는 소식에 김 추기경은 남측 사목자들을 장충성당에 파견하려 노력했으나 허사였다. 장충성당은 사목자들 없이 교황청에서 파견한 특사만으로 축성식과 미사를 했다.

"나는 이탈리아 로마에 있는 북 대사관 대사에게도 '장충성당에는 신부가 상주해야 참다운 교회라고 할 수 있다'고 말해주면서 우리가 파견할 신부 2명과 수녀 3명의 구체적인 명단과 자료까지 넘겨주었다. 북의 답변을 손꼽아 기다렸으나 끝내 아무런 통보를 받지 못했다."

김수환 추기경이 평양교구장을 맡고 있지 않았어도 추기경의 방북에 북이 난색을 표했을까? 남쪽을 거치지 않고 바티칸과 직접 교통해서 사제를 임명받으려는 북의 입장, 반면에 평양교구를 함께 맡고 있던 남측 천주교의 입장은 서로 엇갈릴 수밖에 없었다. 이 사이에서 바티칸의 고민도 깊었을 것 같다. 그러나 로마 교황청은 서울교구가 평양교구를 겸하고 있는 이상 평양 장충성당 사제는 서울에서 파견해야 한다는 남쪽의 입장을 외면할 수 없었다.

남쪽 가톨릭의 입장은 다음해 문규현 신부의 사건으로 돌이킬 수 없이 악화된다.

1989년 6월 6일 천주교정의구현전국사제단 문규현 신부가 방북하여 장충성당에서 미사를 집전했다. 문 신부는 전대협 학생대표 임수경 양과 함께 판문점을 통해 돌아오자마자 연행되었고, 국가보안법으로 징역 5년을 선고받았다. 문규현 신부와 임수경의 장충성당 방문은 북 주민들의 천주교에 대한 인식을 개선시켰지만, 남북 천주교 교류에 큰 어려움을 만든 일대 사건이었다.

⦚ 내가 직접 겪은 북한 성경책 소동과 북 선교 탄압의 실상

하루 1,000여 명의 남쪽 사람들이 아리랑 공연 관람 차 평양을 관광하던 2005년이었다. 나는 그때 남쪽 관광단의 상황을 종합하고 북과 대책을 협의하는 평양 상황실 상주 책임자였다.

어느 날 북 안내원들이 술렁대기 시작했다. 남쪽 관광객이 호텔에 성경책을 뿌렸다는 것이다. 처음에는 북의 지나친 반응이라고 생각했다. 그 두꺼운 성경책을 무슨 수로 뿌렸을까 믿어지지도 않았다. 문제의 '성경책'을 보니, 여호와의 증인에서 배포하는 '파수대'처럼 얇은 소책자 유인물이었다. 게다가 복음과 사랑을 전파하는 성경이 아니라 '종교를 탄압하는 김정일 정권을 타도하고 자유의 대한민국 품에 안기라' 하는 반체제 선전물이었다.

이 유인물을 평양 시민들이 본다면 어떻게 될까? 남쪽 관광객들에 대한 태도가 돌변할 것이다. 남쪽 관광객이 통일기를 들고 5.1경기장에 들어서는 순간 박수 치며 환대했던 평양 시민들이 얼마나 싸늘하게 변할까?

모처럼 성사된 남쪽 사람들의 평양 관광을 발전시켜야 하는 책임자로서 식은땀이 흘렀다. 유인물을 돌리지 말라고 호소해도,

범인(?)은 순교하는 자세로 악착같이 계속할 것이며, 평양에서 종교활동을 탄압하더라는 명분만 줄 것이다.

방법은 그날 온 남쪽 관광객 명단을 일일이 살펴보고 가능성 있는 사람을 찾아내어 따라다니며 유인물 배포 기회를 없애는 수밖에 없었다. 상황실 근무자 여섯 명은 가능성이 보이는 몇 분을 찾아냈다. 소속단체란에 극우 보수 교회 이름을 적어 넣은 분들이었다. 우리는 한 분씩 밀착 보호하며 다음 날 평양을 떠날 때까지 더이상 사고를 칠 기회를 주지 않았다. 그분들이 진짜 범인이었는지는 잘 모르지만, 유인물은 더는 발견되지 않았다.

2. 남과 북 문화교류가 가장 어렵다

❖ 도대체 문화란 무엇인가?

사전을 찾아보면 문화란 '인간의 공동 사회가 이룩하여 구성원이 함께 누리는, 가치 있는 삶의 양식 및 표현 체계이며 언어·예술·종교·지식·도덕·풍속·제도 등으로 구체화된다'라고 한다. 그러므로 문화란 정치적인 것과 상관없이 자연스러운 인간의 삶의 양식인 듯 보이지만 사실은 역사적·사회적 입장을 반영한 사상의식의 체계, 이데올로기와 밀접히 연관되어 있다.

남북 민간교류 중에서 문화교류는 가장 민감하고 어려운 분야다. 문화의 차이에 대해서는 서로 관대하지 않다. 왜냐하면 문화에는 사상과 이념이 깔려있으니까! 자본주의의 개인주의에 익숙한 우리는 사회주의의 문화를 보면서 1970년대 유신체제 하에서의 새마을운동에 강제동원되기라도 한 듯 거부감을 갖는다. 또 우리는 북녘 사람들도 속으로는 남쪽의 문화를 동경하며, 남쪽의 영화를 몰래 즐긴다고 생각한다. 과연 그럴까? 북 사람들에게도 남쪽의 어떤 영화나 드라마가 재미있을 수 있다. 그러나 자본주의 엔터테인먼트 일반을 북녘 사람들이 좋아할까?

• 어떤 북녘 사람의 눈으로 본 남쪽 문화

예전에 개성으로 물자 전달하러 다니던 때의 이야기다. 물자를 전달하기 위해 25톤 트럭 몇 대를 동원해서 개성 출입국관리사무소를 오갈 때면 북의 세관원들이 검사를 한다. 그때 그들이 금지하는 것은 폭발물과 총기뿐 아니라 책, 신문 같은 자본주의 문화매체들까지 포함된다. 그날도 우리는 트럭 기사님들께 아무것도 차에 남겨서는 안 된다는 다짐을 몇 번이나 하고 개성에 갔다.

무사히 세관 통관 절차를 마치나 싶었는데 갑자기 북 세관이 우리에게 와서 항의를 했다. 트럭 안에 여자의 나체 사진이 걸려 있었다는 것이다. 아니 갑자기 웬 나체 사진? 확인해보니 비키니를 입은 여자가 나오는 작은 사진 달력이 차량 앞쪽에 대롱대롱 매달려 있었다. 트럭 기사는 차를 말끔히 치운다고 치웠지만, 사진 달력은 너무 일상적이라 시야에 들어오지도 않았던 것 같다. 북쪽 세관은 자본주의 똥물을 사회주의에 반입하려고 했느냐며 화를 냈다.

북쪽 세관이 그렇게 화를 낼 일인가 하는 생각에 황당했지만, 북녘의 입장에서 보려고 애를 쓰니 객관적으로 보이기 시작했다. 우리에게 차창에 달린 소형 비키니 사진 달력은 눈에 띄지도 않는 일상적 풍경이다. 그러나 자본주의 문화에 모기장을 쳐야 하는 북녘의 입장에서 본다면 사태는 완전히 달라진다. 하필 여자 나체 사진을……. 경계하고 또 단속해야 할 자본주의 퇴폐 문화다.

남북 문화의 차이! 평상시 잘 모르는데, 이처럼 크구나! 그날 우리는 반성문까지 써야 했다. 북 세관은 그래도 동포니까 반성문

정도로 관대하게 봐 준다고 했다. 억울하다면 무지무지 억울하고, 날을 새워 미리 살펴보지 못한 우리의 둔감함이 뼈아프게 느껴지기도 했다. 자본주의와 사회주의 두 세계를 넘나드는 우리가 겪을 수 있는 특별한 경험이었다.

북쪽 국민도 아닌데 반성문을 왜 쓰냐고 묻는 사람들을 위해 한마디 해두겠다. 어느 나라에 가건 그 나라 법을 따라야 한다. 예전에 금강산 입국심사대를 통과할 때, 한 분이 얼굴 증명사진 뒤에 책꽂이 배경이 있는 방북증명서를 보여주었다. 북쪽 심사원이 사진이 잘못되었다고 지적하자, 그분은 생트집을 잡는다며 화를 냈다. 외국 공항에서는 여권 사진이 규격에 맞지 않아 강제 출국당하는 경우가 있다. 양쪽 귀가 모두 나와야 한다든지, 안경을 벗어야 한다든지, 사진 뒤에는 배경이 없어야 한다든지……. 여타 외국의 제재에 대해서는 항의하지 못하면서 북에 대해서는 항의하는 경우를 더러 본다. 강자에 당한 서러움을 약자에게 한풀이하려는 못난 습성으로부터 연유한 것은 아닐까? 북녘 역시 존중받아야 할 국가 체제라는 사실을 잊고 있는 듯하다.

: 문화다양성을 아시나요?

남북의 합동공연 중 소동이 일어나는 경우가 있다. 북쪽 노래 가사 중 지도자에 관한 부분을 남쪽이 항의하기 때문이다. 남북 모두 사전에 곡목을 조율하는데 실제 노래를 듣다 보면 미처 조율되지 않은 가사가 튀어나오는 경우가 있다. 인천에서 개최한 6.15행사 때였던가? '우리는 하나'라는 노래는 남쪽에도 많이 알려진 통일 노래이므로 무리 없이 합의되었다. 그런데 노래 가사의 맨 끝부분에 '태양민족 우리는 하나'라는 가사에 대해 미처 주의를 돌리지 못했던 것 같다. 뒤늦게 남쪽 진행자가 그 가사를 '단군민족'이라고 바꿔달라고 했지만, 북은 '가수들의 마음이 우러나오지 않는 가사로 바꾸어 달라는 것은 공연하지 말라는 것'이라며 동의하지 않았다. 이 때문에 입씨름을 하느라 오락가락. 북은 결국 '태양민족'이라는 가사를 고치지 않고 강행했다.

뒤이어 남쪽 순서가 되었는데, 가수 최진희가 '사랑의 미로'를 두 번 불렀던 것으로 기억한다. 북은 같은 노래를 두 번 하는 것은 사전 합의가 아니라며 항의했다. '태양민족'이라는 가사를 바꾸지 않은 것에 대한 보복이라는 뒷말이 돌았다. 남북공연에서는 어떤 사안이건 문제를 삼으려고 하면 할수록 더욱 예민한 정치적 쟁점이 되어버린다. 중요한 것은 상대의 문화에 대한 존중과 관용이다. 노래가사까지 문제 삼는 이유가 분단체제의 반북적인 국민정서 때문이라고 주장할지 모르지만, 상대방을 배려하는 문화다양성에 대한 존중이 절실하다는 생각이 든다.

• 삼지연관현악단의 평창 공연과 우리의 평양 공연

평창동계올림픽을 축하하기 위해 온 현송월 씨와 삼지연관현악단의 공연은 정말 파격적이었다. 북은 그들이 좋아하는 곡이 아니라 남쪽 사람들이 좋아한다고 생각하는 노래를 선곡했다. 'J에게', '여정', '남자는 배 여자는 항구' 등 우리에게 익숙한 대중가요가 북쪽 가수의 입에서 흘러나왔다. 반면 우리의 평양 공연 '봄이 온다'는 어땠을까? 조용필, 이선희 등 최고 가수들이 총출동했지만 평양 시민들이 좋아할 노래는 거의 없었다.

공연이 끝나고 조용필은 평양 관객들의 호응이 느껴지지 않아 아쉬웠고, 몸이 불편해 기량을 충분히 발휘하지 못했다고 했다. 내가 듣기에 조용필뿐 아니라 우리나라 최고 가수들이 모두 자기의 실력을 발휘하지 못했다. 왜일까? 평양 관객들과 호흡이 맞지 않은 탓이다. 남쪽에서 좋아하는 노래에 반응이 없는 것은 당연하다. 만일 최근 평양에서 유행하는 북쪽 노래를 몇 곡이라도 선곡했더라면 어땠을까?

북이 '남쪽과 함께하려는 의지'를 보여주려 했다면, 우리는 '가수의 가창력과 대중성 과시'를 보여주려 했다. 양쪽 모두 최선을 다했겠지만 무엇이 더 나은 공연인지는 보는 사람마다 다를 것이다. 우리는 그동안 북의 공연은 체제 찬양, 정치 선동의 수단이라고 알고 있었다. 그러나 이번 공연을 통해 그들도 관객과 마음을 소통하고 싶어 한다는 것을 느낄 수 있었다.

사회주의에서 문예창작의 중심기조는 '사회주의적 사실주의'
이다. 자본주의에 대한 비판과 폭로를 다루면서도 혁명적 낭만주
의 즉 미래에 대한 꿈, 제국주의에 대한 투쟁, 사회주의의 성공을
담아야 한다.

북녘은 이를 '주체 사실주의'로 발전시켰다. '주체 사실주의'는
자주성을 지향하는 인민대중의 요구에 맞는 것이면 긍정적이고 본
질적인 것으로, 그에 맞지 않으면 부정적이고 비본질적인 것이라
고 본다. 인물을 묘사하는 데서도 자주성을 기본으로 일반성과 개
성을 결합시켜 묘사한다. 사회주의적 사실주의와 달리 출신 계급
에 관계없이 나라와 민족, 인민의 행복을 위해 헌신적으로 복무하
는 사람이면 애국자로 평가한다.

또 사회주의적 내용을 민족적 형식에 담을 것을 요구한다. '형
식은 민족적이면서, 내용은 사회주의적'이라는 원칙 하에 문학예
술활동을 한다는 뜻이다. 문학예술의 민족적 형식이란, 자기 민족
의 요구와 미감, 기호에 맞는 형상수법을 말한다. 민족마다 미감과
기호가 다른 만큼 자주적인 내용을 형상화하는 방법에 있어서도
민족적 특성을 살려야 한다는 것이다.

민족적이라 할지라도 전통을 있는 그대로 보존하지 않는다는
점에서 남쪽과 다르다.

• 남북의 합작 드라마·영화 제작이 가능할까?

나에게 TV 드라마는 휴식이다. 힘들고 짜증나는 하루를 마치고 소파나 베개에 파묻혀 아무 생각 없이 드라마의 세계로 빠져드는 순간, 별다른 노력을 하지 않아도 주인공에 감정이입을 하여 성취욕도 느끼고, 속도감 있게 지나가는 역사적 사건들에 아무런 책임 없는 평가도 하고, 무기력하고 힘든 일상으로부터 탈출하는 쾌감을 느낀다. 반면 북의 드라마는 진행이 느리고, 환상도 없고, 영상 촬영과 편집 방식이 우리 드라마와 달라서 재미가 없다. 남쪽드라마가 일상으로부터의 탈출과 엔터테인먼트라면 북쪽의 드라마는 일종의 교양물 같다. 남쪽의 우리에게 주체 사실주의적 문화예술이란 딱딱하고 재미가 없을 것 같은 느낌이다.

그러나 북쪽은 사회주의 나라이며 '혁명과 건설'이 지금도 진행 중이다. 어려움 속에서도 이상과 가치 실현을 위해 투쟁하는 사람들에게는 사회주의적 사실주의, 주체 사실주의 문화예술이 위로와 휴식과 희망을 줄 수 있다.

그런데 북 드라마를 가만히 보면 우리와 민족적인 정서가 같고 문제를 해결해 나가는 방식도 크게 다르지 않은 것 같아 공감을 느끼는 사람도 많은 것 같다. 사회적 문제를 깊이 분석하고, 해결해 나가는 과정이 구체적이고 설득력이 있어 천편일률적인 드라마로 볼 수 없다. 인간의 삶과 활동을 구체적으로 잘 드러내면서도본질을 형상화시켰다면 성공한 작품이며, 우리에게도 감동을 불러일으킨다.

북쪽 사람들에게는 우리 문화예술이 어떻게 느껴질까? 퇴폐 향락 소비문화라고 생각할지도 모르겠다. 그러나 나는 삶에 지친 서민들이 잠깐이나마 웃음과 휴식을 얻을 수 있다면 그것만으로도 의미가 있을 것 같다고 생각한다. 아무리 엔터테인먼트라고 할지라도 그 속에는 삶과 현실 그리고 날카로운 폭로와 풍자가 있기 마련이다. 언젠가 남북이 함께 공감할 수 있는 영화를 공동으로 만들어내는 날을 상상해볼 수 있지 않을까? 물론 지금의 남북 사람들의 가치관과 정서로 볼 때 당분간 요원하다. 지금은 북의 드라마와 영화를 자주 관람하면서 그동안 북의 문화예술에 대해 갖고 있던 깊은 선입견을 극복하려고 노력할 때다.

3. 북의 정신세계를 보여주는 집단체조와 예술공연 이야기

⦂ 10만이 참가하는 대집단체조 '아리랑'

문재인 대통령이 능라도경기장에서 열린 북의 카드섹션과 대집단체조 '빛나는 조국'을 관람하고, 15만 명의 평양 시민들 앞에서 멋진 연설까지 하는 장면이 보도되면서 환호가 대단했다. 2005년에도 북은 이 공연을 볼 수 있도록 남쪽을 초청했다. 그때의 명칭은 '10만이 참여하는 대집단체조 아리랑'이었으며 남쪽 관람객만 1만여 명을 훨씬 넘었다. '빛나는 조국'도 그렇지만 '아리랑'은 배경대의 카드섹션과 빠른 속도로 바뀌는 대집단체조, 무대공연과 레이저 영상이 어우러진 종합예술공연이다.

2005년 9월부터 11월 초까지 '아리랑' 공연은 남쪽 사람들 누구나 와서 볼 수 있었다. 남쪽에서 올 수 있는 최초의 평양 관광이었다. 하루 1,000명의 남측 관광객이 전세기로 와서 아리랑 공연을 보고 평양을 둘러보고 돌아가는 1박 2일의 패키지 관광이었다. 나는 이 기간 동안 평양에 상주하는 남쪽 상황실 책임자였다.

'아리랑'은 우리 민족과 북의 100년 역사를 형상화한 서사극이다. 민족의 정서와 넋이 담긴 민요 아리랑을 주제로 '민족의 운명사'와 세시풍속을 서사시로 표현한 예술공연으로 100년간의 민족의 고난과 해방, 북의 역사를 보여준다. 북 예술계가 자랑하는 흐

아리랑 공연 관람을 위한 우리겨레하나되기운동본부 대표단.

름식 무대전환으로 밤하늘을 가르는 레이저 영상과 교예까지, 환
상적인 분위기를 연출한다.

첫 부분은 1900년대에 이르러 고향에서 어디론가 쫓겨가는
민족의 수난이 우리 민족의 노래 '아리랑'과 함께 시작된다. 우리에
게도 익숙한 '두만강 푸른 물에'가 배경음악으로 흐르며, 민족의 슬
픔이 솟구친다. 일제강점기가 시작되고 핍박받던 겨레가 하나로
모여드는 형상 속에서 하늘로 올라가는 조선의 별! 거친 폭풍과 성
난 파도를 헤치며 나아가는 작은 통통배의 '조선로동당'이라는 문
양이 나온다. 진달래꽃을 들고 군복을 입은 여성들이 마을사람들,
아이들과 어울려 춤을 추며 해방을 준비하는 모습도 인상적이다.

장면은 해방과 분단으로 이어진다. 젖 먹여 키운 아들의 얼굴
조차 모른 채 철조망을 부여잡고 절규하는 어머니의 모습이 레이
저 영상으로 나오며, 시 낭송이 관객들을 울린다. 캄캄한 밤, 절벽

아리랑 공연 장면(사진 출처: 겨레하나 자료).

위의 구불구불 이어진 고갯길을 밤새워 달리는 자동차 불빛이 깜박이는데, 흰 조선옷을 입은 여인들의 아름다운 무용이 운동장을 가득 덮으며 달을 향해 '장군님 현지지도의 길을 더 밝게 비추어 달라'고 비는 청아한 노래가 울려 나온다. 경제적 어려움을 극복해가는 장면에서는 공장, 협동농장과 수산업이 카드섹션으로 나타나고 사람들은 춤추며 경제건설을 노래한다.

이어서 울림폭포 등 아름다운 '선군8경'이 빠르게 움직이는 무대장치와 영상 화면으로 흘러간다. 색동저고리를 입은 꼬마들이 쏟아져 나와 숨바꼭질과 제기차기를 하면서 재롱을 보여주고, 소학교 아이들의 리듬체조, 고등중학교 소년들의 깃발을 든 군무 등이 각각 어우러지며 10만이 참여하는 집단예술 공연은 정신없이 관객을 압도한다.

3장 통일아리랑은 하얀 저고리에 검정 치마를 받쳐 입은 여성들이 한반도와 제주도, 울릉도, 독도 모양을 만들어 낼 때, 배경대에서는 '우리는 하나'라는 구호가 웅장한 카드섹션으로 펼쳐진다. 마지막 4장, 강성부흥아리랑에서는 북한 경제 현대화와 함께하는 밝은 미래에 관한 희망의 메시지를 표현하며 공연을 끝낸다.

나는 지금도 이런 공연이 어떻게 가능한지 믿어지지가 않는다. 우리 사회에서는 억만금을 들여도 불가능하다. 배경대의 카드섹션은 2만 명이 한 사람처럼 움직이는데, 그런 일치가 어떻게 가능할까? 오직 북에서만 가능한 집체적 예술의 최고봉이다.

아리랑 공연이 청소년에 대한 심각한 인권탄압이라고 생각하는 분들도 많이 있다. 그러나 공연하는 아이들의 표정을 보았는가? 실제 공연 연습이 어떻게 이루어지는지 알고 있는가? 종합적인 통찰은 불가능하지만, 내가 알게 된 몇 가지 사실들을 갖고 유추해보자.

⁞ 아리랑 공연에 참가하는 사람들

공연의 규모나 짜임새를 보면 모든 것을 전폐하고 혹독한 연습에 전념하지 않으면 안 될 것 같지만 그렇지 않다. 수업을 받고 방과 후에 학교별로 나누어서 연습하는 것이지 수만 명이 한 장소에 갇혀서 수개월을 보내는 것이 아니다.

영국인 대니얼 고든이 만든 북 다큐멘터리 『어떤 나라』는 2003년 아리랑을 준비했던 두 명의 여중생의 이야기다. 열세 살 현선이와 열한 살 성연이는 '김정일 장군님'께 자랑스러운 모습을 보여주기 위해 추운 겨울에도 열심히 훈련을 한다. 현선이는 때론 연습을 몰래 빼먹기도 하고, 늦잠 때문에 허둥대고 등교하기도 한다. 우리 10대 소녀들과 다를 바 없다.

한번은 아리랑 공연에서 아이들 얼굴이 보이는 곳에 앉은 적이 있는데, 아이들 표정이 어쩌면 그리도 환할까? 활짝 웃으면서, 관중들에게 자랑을 하는 것도 같았다. 특히 남쪽 관광객이 앉아 있는 곳을 더 많이 바라보면서 '우리 참 잘하지요?'라고 말을 걸고 있는 듯했다.

몇 년 후, 신의주유치원에 갔을 때, 유치원 원장님이 아리랑의 글자체가 자기네 원생이 쓴 글자라고 자랑을 함빡 늘어놓았다. 김정일 국방위원장이 보고, '호랑이의 기상'이 느껴지는 이 글씨를 공식 글자체로 하라고 했다는 사실이 더 큰 자랑인 듯했다.

안내원 한 분도 학생 때 카드섹션에 참석한 적이 있는데, 다른 학교 아이들도 잘하는지 보려고 살짝 카드를 들어 얼굴을 내밀고 둘러보다가 혼이 났다고 한다. 그때의 추억을 그리는 듯한 표정이 친근하게 느껴졌다. 양각도호텔의 청소부 아주머니가 자기 딸도 아리랑 공연에 참가한다는 것을 어깨 으쓱해가며 자랑하신 적이 있다. 고생이긴 해도 세계를 향해 그런 훌륭한 공연을 하고 있으며, 자기 딸도 그 일원이라는 생각에 흐뭇한 것 같았다.

물론 두 시간 넘게 카드섹션을 하면 팔이 많이 아플 것 같다. 공연 도중 '울림폭포'를 그린 거대한 구조물이 배경으로 등장하는 시간이 있는데, 그 뒤에 있게 되는 배경대(카드섹션) 아이들이 팔을 좀 쉴 수 있겠다며 말하는 분들도 있다. 아이들의 수고를 걱정하는 것은 인지상정이다. 북쪽 분들의 마음도 똑같다. 민화협 안내원 선생들은 오전에 잠깐 비가 오면 그날 저녁 축축한 땅에서 뒹굴며 매스게임을 해야 하는 꼬마들 걱정에 숨이 깔딱깔딱 넘어가곤 했다.

⁑ 아리랑 공연의 연습이 우리 군사독재 시절의 제식훈련이라고?

나는 아리랑 공연에 참가하는 모든 사람이 어떤 마음으로 이 공연 준비를 해왔는지, 어떻게 저렇게 한 몸처럼 정확히 움직이며, 집체예술의 진수를 보여줄 수 있는지 잘 모른다. 그러나 화장실도 가지 못하게 하고 물도 안 먹이는 반인권적 훈련이라면 그런 아름다운 공연이 가능했을까? 2만 명이 한 사람처럼 벌이는 저 민첩한 카드섹션이?

혹독한 연습 그 자체가 반인권적이라는 말에는 동의할 수 없다. 올림픽 메달리스트들의 혹독한 훈련을 반인권이라고 생각하지 않는 것과 같다. 개인의 성공을 위한 훈련에 대해서는 반인권적이라고 하지 않으면서 집단을 위한 훈련은 자발성이 없는 반인권이라는 생각이야말로 개인주의의 극치 아닌가? 군사독재 시절의 안

보실기대회 제식훈련에 동원된 학생들에게서는 열정이 나오지 않는다. 자발성이 기본이 되지 않는 한 아무리 혹독하게 단련을 시켜봐야 아리랑 같은 집단 창작물은 만들어낼 수 없다.

"사실 이 지구상 어느 곳에도 존재하기 어려운 정체를 가진 나라임에 틀림없다. 아리랑에 출연하는 5만여 명의 동작이 변검의 탈처럼 순식간에 변하여 일 초 일 촌의 오차도 있을 수 없다. 거대한 경기장을 안방 파리처럼 날아다니는 교예사들의 아슬아슬 곡예는 간담을 서늘케 하지만 그 절제 있는 동작의 미학은 찬탄을 자아낸다. 이것은 결코 쇼가 아니다. 이것은 그들 유토피아의 삶이며 역사며 가치이며 희망이다. 이러한 집체적 훈련에 참여함으로써 그들은 교육을 받고 의식화된다."

(중앙일보 '도올고함'-유기적으로 통합된 북한 사회, 그 최고선의 목적은 무엇일까?)

기꺼운 마음으로 '영예군인'(상인군인)들과 결혼하는 북 여성들. 집단을 위해 희생하는 것을 당연하게 여기는 청소년들. '하나는 전체를 위하고 전체는 하나를 위한다'는 집단주의의 기본 특성을 전제하지 않고서는 '아리랑'을 이해하기 어렵다. 공연을 본 분들은 훈련과 내용에 동의를 하지 못할지라도, 북의 일심단결력에 대해 그전에 한 번도 느껴보지 못했던 강한 충격을 느낀다. '아리랑'은 '북의 실체'를 보여주는 커다란 영상이다.

▪ 아리랑 공연의 내용은 우리가 배운 역사와 다르다

내용 면에서도 '아리랑'은 낯설다. 우리 민족의 100년의 역사를 형상화하며 북이 외세와 싸워 승리하는 과정, 해방과 건국, 분단, 북의 건설 과정을 민족적 정서와 한으로 표현하고 있다. 우리가 배웠던 역사하고는 많이 다르다. 장구한 세월 속에서 쌓인 인식의 틀이 있는데, 공연 한번 보고 논쟁의 각을 제대로 세우기는 힘들다.

중요한 것은 북녘의 시각에 우리가 동의할 수 있는가의 문제가 아니다. 북녘의 가치와 정서, 역사관을 살펴볼 기회로 생각하는 것이 좋다. 경직된 가치판단을 떠나 다니엘 고든처럼 '어떤 나라'라는 시각으로 담담하게 '아리랑'을 볼 때, 얻을 것이 훨씬 많지 않을까? 왜냐하면 북이란 우리가 좋건 싫건 상관없이 화해 협력하고, 통일해야 할 상대방이니까! 상대를 알아야 어떻게 협력하고, 무엇을 조심해야 되는지 기본 가닥을 잡을 수 있다. 아직 이해되지는 않는 북이지만 그들과 함께할 수 있는 길을 찾으려는 노력이야말로 통일의 긴 여정을 만들어내야 하는 우리 국민들 각자의 몫이다.

혹자는 아리랑 같은 공연을 정치적으로 좀 덜 부담스럽게 만들면 좋겠다고 말한다. 더 많은 사람들이 볼 수 있기를 바라는 마음이다. 그런데 애초에 '아리랑'은 남쪽을 의식해서 만든 것이 아니고 북녘 스스로를 위한 공연이다. 자신들의 정신문화세계를 형상화하며, 연습과정을 통해 단결을 강화하고 어려운 상황을 극복할힘을 얻는다. 외국과 남쪽을 유치하려고 노력하지만 자신들의 방식으로 '평화의 메시지'를 보여주려는 것이다.

4. 북의 집단주의가 초민주주의의 결과라면?

● 묘향산 돌버섯 따는 아저씨의 이야기

　　사회주의 사회의 사람들은 어떤 꿈과 가치관을 가지고 살아 갈까? 『조선요리 100선』이라는 다큐멘터리를 제작할 때의 이야기를 한 편 소개하려 한다. 아리랑 공연이 북의 집단주의 문화의 정수를 보여준다면 여기 소개하는 내용은 북의 평범한 사람들의 가치관을 있는 그대로 보여준다.

　　『조선요리 100선』은 북녘 각 지방 구석구석의 별미 요리와 함께 마을 사람들의 사는 모습을 동영상으로 만들어 생생하게 보여주는 다큐였다. 묘향산의 유명한 '돌버섯 요리 편'을 기획하면서 '돌버섯 캐는 사람의 이야기'를 같이 다루기로 했다. 돌버섯은 묘향산 깊숙한 곳의 큰 바위에서만 캘 수 있는 귀한 버섯이라 채취 과정 이야기가 꼭 필요했다.

　　버섯 캐는 아저씨를 만나는 것 자체가 쉽지 않았다. 심마니들처럼 한번 버섯을 캐러 산속으로 들어가면 며칠이고 나오지 않는다고 했다. 우리가 북한의 산속을 헤집고 돌아다닐 수는 없어 다음 방북할 때까지 북측 '내나라비디오'의 김 선생이 책임지고 촬영하기로 했다. 그러나 김 선생은 임무를 완수하지 못했다. 며칠을 고생하면서 묘향산을 돌아다닌 결과, 버섯 캐는 사람을 만나기는 했는데 인터뷰를 한사코 거절해서 찍을 수 없었다는 이야기였다.

"왜요? 힘들게 버섯 채취 과정을 취재해야 생생한 다큐멘터리가 되는데……. 인터뷰가 있어야 묘향산 돌버섯이 유명해지고 널리 홍보가 돼서 맛있게 먹을 수 있다고 말하지 그랬어요!"

우리가 면박을 주자 김 선생은 돌 버섯 캐는 아저씨가 인터뷰를 거절한 사연을 전해주었다.

"돌버섯은 높은 바위 틈새에 피기 때문에 바위에 대롱대롱 매달려 따는 경우도 많지요. 어떤 때는 목숨을 내놓고 따기도 합니다. 그런데 사람들이 이렇게 힘들게 돌버섯을 캐는 것을 보면 먹을 수 있겠어요? 마음이 아파 먹지 못할 겁니다. 사람들이 돌버섯 요리를 맛있게 먹어주는 것이 제 보람인데, 먹지 못한다면 무슨 소용입니까? 그래서 텔레비전에 나갈 수 없습니다."

전혀 예상치 못한 대답이었다. 자기가 힘든 것을 보면 사람들이 마음 아파 먹지 못할 것이라는 생각도 희한하고, 자기의 노고를 알아주는 것에는 관심조차 없이 단지 사람들이 맛있게 먹어주기만을 바라다니……. 남쪽에서 식자재를 채취하는 분들은 채취 과정이 어려우면 과정을 적극 홍보하고 비싼 값을 받는다. 희소가치가 높고 위험수당도 들어있으니 당연하다. 시청자들은 호기심이 발동하여 비싼 값을 주고라도 먹어보기 위해서 그 식자재로 요리하는 식당을 찾는다. 그런데 북의 버섯 따는 아저씨가 하는 말은 도무지 무슨 뜻인지……. 자식들 입에 밥숟가락 들어가는 것을 흐뭇하게 바라보는 엄마라도 되는 줄 아나? 아무리 엄마라도 자신의 노고를 몰라주면 서운한 법인데…….

⁝ 또다시 마주하게 되는 북녘의 집단주의

이 문제는 내가 몇십 년을 통해 씨름해온 고민이기도 했다. 나는 학생운동을 거쳐 평생 민중을 위해 살아왔다고 자부하는 진보운동가다. 그럼에도 그 아저씨처럼 민중을 위해 온전히 복무하는 삶이 실현 가능하다고 얼마나 믿고 있는지……. 인간이란 사회적 존재지만 개별적인 삶을 살기 때문에 개인에 대한 평가와 사회적 성공으로부터 자유로울 수 없다고 생각하고 이 두 문제를 늘 절충해왔던 것 같다. 민중을 위해 복무하면서도 개별 인간으로서의 '나'에 대한 사회적 인정, '나'의 성공을 가슴 한편에 따로 챙겨두는 습성을 버리지 못했다. 나라면 돌버섯 따는 아저씨처럼, 인터뷰를 거절했을까?

김 선생은 북에서는 그런 분들을 '숨은 영웅'이라고 부른다고 알려주었다. 어디에서건, 어떤 일을 하건 묵묵히 인민을 위해 살아가는 사람들의 이야기를 찾아 그 정신을 따라 배우기 위해서 '숨은 영웅 찾기' 운동을 전개한다고 말했다.

북쪽 사람들이 우리보다 더 행복한 것은 아닐지 모른다. 행복의 기준은 사회와 사람마다 다르므로 한두 마디로 평가할 수 없다. 그러나 그 아저씨와 같은 순박한 삶을 '아직 발전이 덜 된 촌스러운 가치'라고 가볍게 넘어간다면, 사회와 개별 인간의 관계를 해석하는 남과 북 가치의 차이를 심도 있게 보지 못하는 것일 수도 있다.

그 뒤 나는 묘향산을 갈 때마다 버섯 캐는 아저씨의 아름다운 모습이 야생화처럼 숲속에 늘 그렇게 피어 있는 듯 느껴지고, 묘향산의 정취가 더욱 아름답게 느껴진다.

⠿ 묘향산 숲에 가득한 노랑리본 물결

묘향산에서 겪은 일화를 하나 더 소개한다. 남쪽 고등학교 선생님에 관한 이야기다. 선생님은 배낭에 몇백 개의 노랑리본 꾸러미를 넣어 와서 묘향산 숲속 나무마다 걸기 시작했다. '통일 기원 리본'을 묘향산 숲속에 걸고 오겠다고 학생들과 약속을 했다고 한다. 세월호 참사 이후에 노랑리본은 우리의 슬픔의 상징이 되었지만, 그때는 리본을 거는 상징행위가 일반화되기 전이었다. 어느 영화에서 전쟁터에 나간 남편을 기다리는 아내가 노랑리본을 걸어놓았다는 이야기를 들은 적이 있는 정도였다.

그러나 그런 내용을 정작 묘향산에 살고 있는 주민들은 알까? 그분들이 묘향산 산책로에 노랑리본이 줄줄이 걸려 있으면 어떻게 생각할까? 묘향산 주민들의 동의 없이 리본을 다는 것은 예의가 아니었다. 그런데 내가 "지저분한데 괜찮겠느냐"라고 묻자 북녘 안내원의 대답이 특이했다.

"밤에 사람들이랑 와서 다 떼면 됩니다. 노랑리본을 걸고 싶은 마음을 어찌 말리겠습니까? 너무 많이는 곤란하니 조금만 매달라고 해두었습니다. 대단한 고집이긴 한데, 우리는 통일을 생각하는 마음이 다치지 않기를 바랍니다. 저분이 또 언제 여기에 오겠습니까. 통일을 바라는 마음을 마음껏 표현하고 돌아갈 수 있도록 해드려야지요."

나는 남쪽 사람들을 모시고 온 인솔 책임자이기 때문에 함께 온 분들이 북에서 무슨 실수라도 할까 봐 종종거리는 편인데, 그럴 때마다 북 안내원 선생들은 면박을 준다.

"총장 선생은 자주 오지만, 처음 오는 분들에게는 너그럽게 대하는 게 좋겠지요? 저분들이야 북을 잘 모르는데, 여기 와서 위축되면 우리 마음이 좋겠습니까? 실수하더라도 괜찮습니다."

북녘이 경직된 사회이며 북녘 사람들 머리에는 뿔이 달렸다고 생각하는 남쪽 사람들에게 꼭 들려주고 싶은 이야기다. 다음 이야기는 이와 관련한 더 황당했던 일화다.

• 평양에서 강제 출국 당할 수 있었던 사건

이번에도 노랑리본 선생님 덕분에 시작된 이야기이다. 우리는 아침 9시쯤 협력사업장을 가기 위해 호텔 로비에 모였는데, 두 시간이 넘도록 북 안내 선생들이 나오지 않았다. 짜증을 겨우 가라앉히고 있는 우리 앞에 땀으로 범벅이 되어 나타난 그들은 "미안합니다"만 연발한다.

그날 저녁 술자리에서 안내원들이 오전에 늦은 이유를 들려주는데, 그 내용이 충격이었다. 노랑리본 선생님이 새벽에 혼자 평양역까지 산책을 나갔는데, 북에 온 남쪽 사람이 혼자 외출을 하는 것도 안 되지만 평양 시민들을 만날 때마다 말을 걸었던 것이 더 큰 문제였다. 반갑게 맞아준 경우도 있었지만, 누군가 '수상한 남조선 간첩'으로 여겨 공안에 신고를 했던 것 같다.

남쪽에서도 간첩 신고가 접수되면 초비상이 걸리지만, 준전시 상태인 북에서 수상한 사람이 나타났다는 신고가 들어왔으니 오죽했겠는가. 북 안내원 선생들은 공안에 불려가 노랑리본 선생님만이 아니라 우리 전체의 신원에 대해 조사를 받고, 또 선생님이 혼자서 평양을 활보할 수 있었던 경위를 조사했던 것 같다. 북의 공안으로서는 당연한 조사였다.

안내원 선생은 사태를 수습하느라 늦을 수밖에 없었던 점을 양해해달라고 한다. 이야기를 듣고 나니 오전에 화를 냈던 것도 미안하고, 남쪽 사람들 인솔 책임자로서의 부끄러움이 몰려들었다. 무척 고생했을 텐데, 담담하게 말하는 것이 존경스러웠다. 내가 참지 못하고 노랑리본 선생님에게 화를 내려 하자 안내원 선생은 나를 말렸다. 받아들일 분이 아니라는 것이다. 이미 낮에 혼자 돌아다니면 안 된다고 신신당부를 하려다가 오히려 항변을 받았다고 한다. 내 나라에 내가 와서 자유롭게 다니는 것을 제재하다니 '관료주의'라는 비난이었다.

그때 퍼뜩 오전의 일이 생각났다. 북 선생들을 기다리다가 호텔 방에 올라갔는데, 열쇠를 넣어도 방이 열리지 않았다. 다른 방도 마찬가지였다. 호텔 접수대에 말하려는데, 북 안내원 선생들이 돌아와 저녁으로 미루었다. 그런데 막상 저녁에 돌아왔을 때는 아무런 문제가 없었다. 혹시 오전에 공안에 신고되자 우리에게 전원 출국 조치가 내려졌던 것이 아닐까? 방 카드키가 정상 작동되니 오히려 이상한 생각이 들었었는데, 문제가 해결되어 강제 출국도 해결되고 키도 정상적으로 작동된 것이라는 직감이 들었다. 안내원 선생에게 내 짐작을 말해보았지만 모르는 일이라면서 딱 잡아뗀다. 우리들이 더는 긴장하지 않기를 바라는 마음일 것 같다.

남쪽 공무원들과 차이가 느껴지는 대목이다. 관과 일을 해본 분들은 이구동성으로 하는 이야기인데, 공무원들은 자기에게 책임이 돌아오는 것을 싫어한다. 끊임없이 규정 뒤로 숨고, 적극적으로 판단하려 하지 않는다. 가지고 오라는 서류는 왜 그리 많은지……. 어디 감사라도 걸리면 문제가 되는 풍토에서는 있을 수 있는 일이다. 그러다 보니 관이 민간을 배려하는 것이 아니라 힘없는 민간이 관을 안심시키지 않으면 관에서 해주는 통관절차를 받을 수 없는 남쪽의 풍토! 갑자기 비애가 울컥 올라왔다.

북측 안내원 선생들은 남쪽으로 치면 통일부의 고급 공무원 정도의 직급이다. 그런데 한 분 한 분 얼마나 개성 있고 친근한 분들인지……. 뒷주머니에 늘 빗을 꼽고 다니며 머리를 쓱 한번 빗어 넘기고는 '꽃 사시오' 노래를 잘 부르던 서 선생. 우리가 '○○ 각하'라고 부르면 배시시 웃던 대규모 행사 진행 책임자 김 선생. (각하라는 별명이 붙은 이유는 이분이 야외행사를 책임진 날은 절대 비가 오지 않는다고 자랑을 너무 해서 우리가 '천기를 움직이는 각하'라는 뜻으로 지어준 별명이다.) 치아를 제때 치료하지 않아 세 개나 빠진 자리가 허전한데, 치아 치료를 하자며 같이 중국에 가자고 하면 '일 없다'며, 그럴 시간 있으면 유채꽃에서 기름을 짜는 연구나 더 해보고 싶다던 심 선생. 모두 잊지 못할 분들이다.

● 벙어리인 줄 알았던 승합차 기사님

'대집단체조 아리랑 공연 및 평양 관광'으로 평양에 상주하던 일이 거의 끝날 무렵이었다. 원래 11월 초까지 서울로 돌아가려 했는데 1주일 정도 평양에 혼자 남게 되었다. 상황실 동료들의 귀국길을 배웅하고 나 혼자 승합차를 타고 호텔로 돌아오는 길이었다. 쓸쓸한 마음으로 늦가을의 평양 거리를 보고 있다가, 승합차 기사님의 말소리에 화들짝 놀랐다.

"총장 선생! 아들이 보고 싶은가 봅니다! 엄마가 아들을 집에 두고 혼자 한 달 넘게 떨어져 있으니 그럴 만도 합니다. 오늘 돌아갔으면 좋았을 텐데 참 안됐습니다."

한 달 동안 남편과 아들이 늘 보고 싶긴 했다. 그때 평양 상황실 전화기로 서울과 직통전화가 가능했지만, 남편은 사사로운 일에 귀중한 공적 전화를 쓰지 말라며 전화를 받지도 않았다. 그렇지만 나는 출장이 잦아 이 정도의 이별은 익숙한 편이었다. 아마 가족 생각보다는 큰일을 무사히 마쳤다는 안도감에 빠져 있었던 것 같다. 오히려 기사님 덕분에 가족 생각을 잠깐 했을 정도였다.

내가 화들짝 놀란 이유는 기사님의 목소리를 처음 들었기 때문이었다. 한 달 내내 우리를 태우고 양각도호텔, 순안공항, 능라도경기장을 다녔지만 한 번도 말을 한 적이 없었다. 안내 선생들과 웃고 떠들어도, 마치 운전대에 붙은 부품인 양, 맞장구 한번 친 적이 없었다. 기계적으로 일만 하시는 줄 알았는데 정이 있는 분이었구나. 아들이 있다는 것도 알고 있었구나!

아마 안내 선생들과 내 걱정들을 한 것 같다. 나는 북 선생들의 신상을 잘 모른다. 그분들도 그간 집에 가지 못한 것은 마찬가지였다. 그런데도 그분들은 나의 마음을 헤아려주고 있었구나! 엄마가 없으니 아들은 밥을 어떻게 먹을지 염려하고 있었구나!

한번 말을 시작하니 자기가 본 남쪽 사람들에 대한 느낌 등 이런저런 이야기를 들려주었다. 투박하지만 진솔하게 말하던 모습이 지금도 생생하다. 덕분에 평양 시민의 눈에는 남쪽 분들이 어떻게 비치는지 알게 되었고, 또 평양 시민들의 남쪽 분들에 대한 배려와 정을 헤아려 볼 수 있는 계기가 되었다.

● 당당한 북 사람들

남쪽에서 북을 '권력에 대한 맹종만이 지배하는 획일화된 사회'라고 알고 있다가, 북에서 본 사람들이 자기의 감정과 의견을 스스럼없이 밝히는 활달함에 놀라곤 한다. 식당에서 만나는 접대원들, 호텔 청소부 아주머니들, 공장에서 만난 근로자들! 하나같이 주견이 강하고, 자기 의견을 굽히지 않는다. 획일화라니? 그건 북을 전혀 모르고 하는 말이다.

진천규 기자가 쓴『평양의 시간은 서울의 시간과 함께 흐른다』를 보면 길에서 중학교 여학생의 사진을 찍다가 그 여학생이 '사진 내놓으라'며 항의하는 통에 쩔쩔맨 이야기가 있다. 내게는 반대되는 추억이 있다. 모란봉 언덕에 소풍 온 소학교 남학생들이었는데, 사진기를 대니 몰려와서 포즈를 잡았다. 선생님이 나타나 "사진 너희들 줄 것도 아닌데 뭐 하라 찍나?" 하며 말렸지만, 아이들은 못 들은 척 즐겁게 모델이 되어주었다.

처음 평양에 갔을 때, 고려호텔 '접대원 동무'가 생각난다. 같이 간 남성이 이름을 물으니. "충심입니다"라고 대답한다. 무슨 뜻이냐고 물으니, "장군님께 충성하라고 어머니께서 지어주신 이름

입니다" 하는 낭랑한 목소리에 우리 모두 까르르 웃었다. 표정이
얼마나 자랑스럽고 긍지에 찼는지 표현하기도 어렵다. 남쪽에서
그런 말을 들었다면 우리는 대번에 "완전히 세뇌되었구나"라고 느
낄 텐데 그때의 분위기에서는 참 신선해 보였다. 자기 이름을 잘
지어주신 어머님을 자랑스러워하는 접대원의 표정은 예쁘면서도
긍지가 가득했다.

유치원 원장이 자신의 유치원을 북녘 최고라고 확신하는 이
야기도 해두어야겠다. 신의주 유치원 원장은 평양에서도 아이를
그곳에 보낼 정도로 최고라고 주장한다. 평양에 사는 부부가 아이
를 그 유치원에 보내기 위해 할아버지 댁에 맡겼다는 것이다. 평양
보다 월등히 좋아서 보낸 것인지, 아니면 사정이 있어 할아버지 댁
에 와 있다 보니 그 유치원에 오게 된 것인지는 잘 모르겠다. 아이
엄마가 원장님께 신의주 유치원이 최고라고 이야기했을 듯도 싶
다. 북녘은 '지방'이라고 해서 기죽는 법이 없다!

⁝ 심장으로 접수하는 사람

안내원 박 선생을 처음 본 것은 대기업의 대규모 평양 방북 때
였다. 북 민족화해협의회 부회장이 방북 대표단 단장의 안내와 수
행을 맡은 이라며 박 선생을 소개해주었다. 부회장이 남쪽 대표단
단장의 안내를 부탁한 것은 처음이었다. 나는 왜 갑자기 단장 수행
까지 따로 챙기는지 궁금하면서도, 신참 박 선생이 까다로운 단장

을 잘 수행할지 걱정이 들었다. 아닌 게 아니라 우리 남쪽 단장은 북에서 비중 있는 인물을 만나기를 기대했다가 신출내기가 수행으로 붙으니 실망했던 것 같다. 수행을 따로 붙여준 것만도 특혜였지만 그런 것을 알 리가 없었다. 시답지 않아 하는 티가 역력했다. 조마조마한 마음으로 지켜보다가 박 선생에게 다가가서 '단장님이 북을 잘 모르니 좀 까칠하더라도 개의치 말라'라고 귀띔해주었다.

박 선생의 반응이 좀 뜻밖이었다.

"남쪽의 이렇게 높은 분을 만나 뵙고 안내를 해드릴 수 있게 된 것을 영광스럽게 생각합니다. 앞으로 언제 이렇게 높은 분을 또 만나 뵐 수 있을는지요. 저는 옆에 있는 것만으로도 영광스럽게 생각합니다."

예상치 못한 발언이었다. 북은 자본주의 기업인들에 대해 그다지 호감을 갖고 있지 않을 텐데 박 선생이 정말로 영광스러워하는 걸까? 저렇게 까칠한데도? 혹시 그저 임무니까 성실히 해야 한다는 뜻일까?

흔히 북쪽 사람이 친절하게 다가오면, '통일전선사업'이라고 생각한다. '목적을 위한 위장친절' 정도로 생각한다는 뜻이다. 그러나 그때 박 선생의 모습은 정말 진실해 보였고, 정치적인 제스처는 모르는 순박한 티가 뚝뚝 흘러서 처음의 의구심을 오히려 무안하게 만들었다. 싱글벙글 웃으며 까칠 단장을 성실히 수행한 박 선생! 임무에 정성을 다하는 박 선생의 성품이 높게 평가받은 덕인지,

박 선생의 임무는 날이 갈수록 막중해지는 듯 보였다. 한 명 한 명, 사력을 다해 정성스럽게 대하면서 남북관계 발전에 기여해주기를 바라는 모습은 지금도 마찬가지이다. 문재인 대통령의 평양 방문에서 북이 보여준 정성이 북쪽과 남쪽 국민들 모두를 감동시켰다. 70년 동안의 분단체제를 녹이는 따뜻한 온기에 감동이 밀려온다.

ॐ 북녘의 집단적 의사결정 풍토

　　우리가 북에 무엇을 제기하면 "토론을 조직해보겠다"는 말을 자주 듣는다. 그러면 우리는 '상부 결정을 기다리나 보다'라고 생각하지만 북녘의 의사결정 과정은 그렇게 일방적이지 않다. 북녘 사람들이 맹렬히 토론하는 것을 자주 보았다. 내가 서로 의견이 다르냐며 논쟁에 불을 붙이면 "저 동무는 답답해! 현실을 융통성 있게 보지 못하는 탁상물림이지" 하거나 "저 동무야말로 사물의 본질을 뚫어보지 못하고 현상만 본다"면서 자기 의견이 제일이라고 우긴다.

　　그런데 어떻게 일사불란할 수 있을까? 격렬한 토론을 통해 집단의 결론이 내려지면 두말없이 따르는 집단주의의 결과다. 또 타인을 존중하는 문화토양으로 인해 조직에 대한 신뢰가 큰 것 같다. 다수결에 밀렸으니 할 수 없다는 포기가 아니라 비록 자기 의견을 관철시키지는 못했지만, 다수에게 더 깊은 뜻이 있을 거라는 믿음의 결과라고 보면 지나칠까? 사람의 문제일수록 신중하고 치밀하게 토론하고, 정책적 결정일수록 더 진지하고 책임감 있게 토론하는 기풍이라면 집단에 대한 신뢰가 높아질 것 같다.

ᛝ '긍정적 검토'라는 말을 과대 해석하지 마세요

북녘 사람들과 사업 협의를 해본 사람들이 빠지기 쉬운 함정
이 있다. 웬만한 의견에 대해서는 "긍정적으로 검토해보지요"라고
말하는데, 그러면 남쪽 사람들은 긍정적인 신호로 받아들인다. 머
리에 뿔이 날 만큼 고압적이라고 알고 있는 북쪽 사람의 반응이 처
음부터 너무 선선하니까 주관적으로 과대 해석하는 것이다. 사람들
이 북녘의 특성을 잘 모르고 하는 제안일 경우가 많은데, 귀찮으니
까 '무난하게 대답해버리는 것이 아닌가?' 하고 생각한 적도 있다.

남쪽은 경쟁사회다. 자연히 상대방의 제안에 대해 성급하게
우호적인 태도를 보이면 손해를 보기 마련이다. 주도적으로 협상
하기 위해서는 '포커페이스'가 유리하다. 그런 분위기에서 살아온
우리들은 표정이 긍정적이면 100% 우호적이고 곧 좋은 결과가 있
을 것이라는 착각을 할 법도 하다.

반면 북녘은 집단주의 사회다. 경쟁보다는 사회구성원 전체의
단합이 더 중요하다. 집단을 중시하다 보니 개인의 창의성이 무시될
수 있으며, 관료주의의 폐해가 생길 소지 역시 없다고 할 수 없다. 그
런 폐해를 방지하기 위해 사람들의 의견을 경청하며 누구라도 적극
적인 의견을 낼 수 있는 사회 분위기를 만들려고 노력해온 듯하다.

북과 일상적으로 사업 협의를 해온 내 경험에 따르면 북녘은

늘 긍정적으로 검토는 하나, 뜻밖의 결론을 내리는 경우도 많았다. 그러다 보니 북녘 일꾼들이 '긍정적 검토'를 한다고 하면 나는 '마음은 잘 이해하나, 실현 불가능!'이라고 해석한다. 그런 나의 반응에 그분들은 섭섭해 한다.

"총장 선생이 우리들 마음을 왜 몰라줍니까? 남쪽 분들이 우리 북쪽을 잘 모르니, 문제를 잘못 제기할 수 있겠지요. 설령 문제 제기 내용이 거칠고 투박하더라도, 좋은 마음과 고민이 반영되어 있을 수 있다고 보고 마음을 잘 헤아려보려 고민한단 말입니다."

나도 질 수 없다.

"저분들이 원하는 것은 북에서 자기들 마음을 알아주는가의 여부가 아니라 자기의 요구가 실현되는 것입니다. 따라서 괜히 헛된 희망을 주면 도리어 나중에 상처를 받게 됩니다."

북은 웬만해서는 단칼에 안 된다고 말하지 않는다. 내용을 수정해서라도 남북교류를 위한 마음을 발전시켜주는 것이 그들의 임무라고 믿고 있다. 그렇다고 자신들이 요청을 수정하여 의견을 내려 들지도 않는다. 남쪽에서 어떻게 받아들일지 잘 모르니 이리저리 헤아려보다가 포기하는 경우도 많이 보았다.

● 협조를 요청할 수는 있어도 강압할 수는 없다

내가 북과 하고 싶었던 첫 사업은 북의 각계각층 사람들의 삶을 소재로 한 24부작 다큐멘터리 제작이었다. 북 민족화해협의회와 협의하여 우선 종교부터 시작하기로 했다. 우리는 어떤 분야도 상관없었지만, 북측으로서는 당시 미국에서 '북한인권법'으로 법석을 부릴 때라 북의 종교의 진정성을 보여주는 영상물이 절실하게 필요했다. 이러한 북측의 의사를 반영해서 종교 분야부터 제작하기로 합의했다. 우리는 서울로 돌아와 한 달 남짓 북 종교에 대해 열심히 공부한 덕에 제법 괜찮은 '개요서'를 만들 수 있었다.

온갖 준비를 마치고 설레는 마음으로 평양에 도착했는데, 마중 나온 북측 안내원 선생이 눈을 꿈벅꿈벅거리며 종교를 찍는 것이 어렵게 되었다고 했다. 종교단체 쪽의 임원들이 "우리가 종교가 있으면 됐지, 그걸 왜 동영상으로 찍어 보여주려고 하느냐?"라고 반발하는데 도저히 설득이 되지 않는다고 했다. 주체가 싫다는데 강제로 촬영할 수는 없다고 하면서, 그 대신 7박 8일 동안 평양 관광지와 유적지를 촬영하자고 한다. 황당했지만 어쩔 수 없었다. 7일 동안 부지런히 찍으니 빈약하긴 하지만 아쉬운 대로 '남북 동질성 찾기 시리즈' 다섯 편을 만들 수 있었다. 북은 우리가 요청한 지역을 촬영할 수 있도록 열심히 노력해주었다. 종교에 대한 특별취재는 거부되었지만, 끝무렵엔 장충성당과 봉수교회의 촬영과 인터뷰도 가능했다.

마지막 날 북측 안내 선생 중 한 분이 푸념을 늘어놓았다. 쉽게 촬영을 협조한 곳이 없었다는 이야기였다. 왜 촬영하는지 꼬치꼬치 묻고는 마지못해 허락했다고 한다. 우리는 북녘의 남북 민간교류를 총괄하는 민족화해협의회에서 결정하면 다 되는 줄 알았는데, 그게 아니었다. 협조를 요청할 수는 있어도 강압할 수는 없다는 것이다. 그분은 푸념을 계속했다.

"그런데 말입니다. 종교단체 쪽에서 막상 촬영을 마치고 나니 딴소리를 하지 뭡니까? 인터뷰할 때 질문 내용을 보니 남쪽의 큰 방송사가 왔을 때와는 전혀 다르다며, 전적으로 협조해줄 걸 그랬다지 뭡니까?"

그 뒤로 북과 협의해야 할 일이 있을 때 내 계산은 훨씬 복잡해졌다. 초민주적인 북 내부 상황을 고려해야 한다는 고민이 생겼다. 북에서 만난 일꾼들은 개성과 주견(主見)이 강해서 명분을 제대로 세워 설득해야 하고, 그들의 입장을 충분히 이해하고 함께할 수 있는 방안을 찾지 않으면 협력사업을 성사시키기가 힘들다. 그

우리겨레하나되기운동본부가 제작한
'남북동질성찾기 5부작 시리즈'.

우리겨레하나되기운동본부 남북동질성찾기 5부작 시리즈 촬영 모습(평양 고려호텔).

런 과정을 통한 통합력과 단결이야말로 10만이 참여하는 대집단체 조를 만들어 낼 수 있지 않았을까? 민주주의 북녘이라고 부른다면 이상한가? 초민주주의 북녘이라고 주장하면 더 이상한가? 나는 초 초민주주의 북녘이라고 생각한다. 정치적 지도력은 이런 초초민주 주의 분위기의 토론과 설득 과정에서 만들어지는 것 같다.

4부

북녘 사회주의의
특성을 제대로
이해하자

1. 우리식 사회주의

: **북녘 사람들은 동구 사회주의가 망한 이유를 무엇이라고 생각하나?**

　1980년대까지 자본주의의 대안으로서 사회주의 소련에 대한 선망은 몹시 컸다. 소련과 동구 사회주의 정권들이 차례로 무너지자 세계의 지식인들은 큰 충격을 받았다. 자본주의의 폐해를 극복하기 위한 인류의 실험은 막을 내렸고, 사회주의는 더는 존립할 여지가 없는 듯 보였다. 중국, 라오스, 베트남, 북녘 정도가 사회주의를 고수했다. 북녘은 사회주의가 성공한다고 믿었을까? 그러면 다른 나라의 사회주의는 왜 망했다고 생각할까?

　북녘과 달리 소련식 사회주의는 '생산력 발전 중심으로 역사를 해석한 이론'이다. 유물사관에 기초한 사회주의 건설이론은 생산력이 성장함에 따라 각각의 단계에 조응한 노예제, 봉건제, 자본주의가 형성되었다고 본다. 그리고 자본주의는 생산력 발전을 월등히 높였으나 빈익빈 부익부 심화, 과잉생산과 구매력 저하에 따른 소비 축소 현상, 계급적 갈등이 증폭되어 경제적 파국이 불가피하다고 보았다. 자본주의를 타도하고 사회주의로 교체해야 이러한 계급적 모순이 없어지며 다시 생산력이 발전하여 고르게 잘 사는 사회가 도래한다고 생각했다.

　북녘은 기존 사회주의 이론이 자본주의를 타도하고 사회주의 국가를 세우는 데 기여했다고 인정하지만, 그와 함께 역사발전의 기본 동력을 정확하게 보지 못했다고 평가한다. 생산력 발전이 아니라 인민대중의 역할이 역사발전의 중심동력이었다는 것이다.

소련은 생산수단을 국가가 틀어쥐고 경제건설만 다그치면 사회주의를 건설할 수 있다고 보았기 때문에 정작 인민대중을 사회주의 건설의 주체로 튼튼히 준비시키는 일은 소홀했다고 주장한다. 그 결과, 혁명과 건설이 사회의 주인인 인민대중과 동떨어져 특정한 사람들의 사업이 되었다. 관료주의가 자라나 인민대중의 자주성과 창발성을 억제하고, 통일단결을 파괴하여 마침내 사회주의 스스로 문을 닫게 되었다고 생각한다.

● 북녘 사회주의는 중국·베트남과 어떻게 다를까?

중국과 베트남은 '시장 사회주의'를 추구하고 있다. 우리 언론에서는 북이 베트남식으로 갈 건지, 중국식으로 갈 건지 토론이 분분하다. 그러나 내가 보기에 북녘은 이와는 다른 길을 고수하고 있다. 사회주의 경제는 사회주의적 방식으로 관리 운영해야 하는데 '시장 사회주의'는 인민적 소유(집단적 소유)를 다시 자본가적 소유로 되돌리는 명백한 후퇴라는 것이다.

생산수단의 주인이 자신에게 맞는 경제관리 방법을 선택하는 것은 중요한 문제다. 어떤 방식으로 관리하는가에 따라 생산된 물질이 확대될 수도 있고, 또 아예 남의 손에 넘어갈 수도 있기 때문이다. 만일 사회주의적 소유(인민적 소유)가 특정인, 관리들에게 만 맡겨져 운영되면 인민은 주인으로서의 역할을 할 수 없게 되며, 결국 자본주의적 소유로 넘어가는 결과를 낳게 될 것이다. 북녘의 주장에 의하면 사회주의적 소유, 인민적 소유에 적합한 경제관리 방법은 집단주의적 방법이다. 집단주의적 방법으로 경제를 관리한 다는 것은 경제관리를 집단의 이익에 맞게, 집단의 협력으로 풀어 나간다는 말이다.

구 사회주의 국가에서는 경제발전을 인민의 이익에 맞게, 인 민의 협력으로 풀지 못한 채 구체적 실정을 무시하고 행정명령식 관리가 일반화되었다. 또 개별 단위의 창발성을 발양시키는 문제 를 소홀히 하여 경제가 정체 상태에 놓이게 되었다. 그렇다고 국가 의 지도와 통제를 약화시키는 것이 대안일 수는 없다. 개별 단위들 의 독자성과 이익만을 추구한다면 사회주의적 계획경제는 파괴되 고 자본주의 시장경제가 되살아나게 된다.

문제는 경제에 대한 국가의 통일적 지도를 어떤 원칙에 따라 어떤 방법으로 실현하는가에 있다. 국가의 통일적 지도와 개별 단 위의 창발성을 결합시키는 원칙에 따라 근로자들을 경제 관리의 실질적인 주인이 되게 하고, 경제 일꾼들의 수준을 높이고 경제 관 리를 과학화, 정보화한다면 어떨까? 그렇게만 된다면 사회주의 경 제를 집단주의적 요구에 맞게 계획적으로 관리 운영해 나갈 수 있 을 것이다. 바로 이러한 방식이 북이 선택한 경제발전의 원칙이며, 베트남·중국과 다른 경제발전 노선이다.

그래서 북은 인민대중이 사회의 진정한 주인이 되고, 인민의 요구가 최대한 실현되도록 복무하며, 인민대중의 단결된 힘에 의해 발전하는 사회주의를 건설하겠다면서 그것을 '우리식 사회주의'라고 명명한다. 시장 사회주의와 달리 '인민중시, 인민존중, 인민사랑'을 중심에 놓고 국가의 모든 정책을 실현하는 정치를 하겠다는 뜻이다.

• 인민은 조직화된 사회정치적 생명체

북녘이 말하는 '인민대중 중심의 우리식 사회주의'에서 인민이란 개별 인간을 의미하는 것이 아니라 조직화된 인민이다. '조직화된 인민'만이 '우리식 사회주의의 주체'라는 말은 무슨 뜻일까? 이 말을 이해하려면 '인간 생명의 특성'에 대한 북녘의 설명을 들어보아야 한다.

사람에게는 여타 동물과 달리 두 가지 생명이 있다. 하나는 다른 동물과 같은 자연적인 존재로서의 육체적 생명이며 다른 하나는 사회적 집단을 이루고 살아가야 하는 존재로서의 사회정치적 생명이다. 흔히 사회정치적 생명은 정치인들의 생명이라고 생각하지만, 인간이라면 누구나 사회와 함께 살아가는 존재일 수밖에 없기 때문에 사회정치적 생명이 발생한다. 여기까지는 많은 사람들이 쉽게 동의할 수 있다. 그런데 이 두 생명 중 인간의 특성을 규정하는 근본적인 속성은 무엇일까? 북녘 사회는 사회정치적 생명이라고 단언한다.

인간이 개별적으로 존재한다고 가정해보자. 다른 동물들보다 훨씬 더 유약한 인간은 생존도 못할 것이다. 사람이 만물의 영장일 수 있는 것은 사회적 집단을 이루고 살아가는 사회적 존재이기 때문이다. 사회적 집단으로서의 삶이 사람의 생존방식이며 사람의 자주적 요구도 사회적 집단의 활동을 통해서만 달성될 수 있다. 바로 이 점이 북녘에서 사회정치적 생명이 인간의 특성을 더 근본적으로 규정한다고 보는 근거이다. 인간이 육체적 생명보다 귀중한 사회정치적 생명을 빛내며 살기 위해서는 집단주의가 제기된다.

집단주의란 개인의 이익보다 집단의 이익을 더 귀중히 여기는 사상이다. 그것은 집단의 생명과 집단의 이익을 우위에 놓고, 집단의 이익과 개인의 이익을 일치시키며, 국가와 사회의 이익 속에서 개인의 이익을 실현해 나가야 한다는 사상이다.

'나라 잃은 백성은 상갓집 개만도 못하다'라는 말처럼 조국과 민족의 안위를 떠난 개인의 행복은 없다. 인간이 행복을 느끼는 때도 주변 가족과 이웃, 직장과 고향, 나라와 민족에 희망이 있을 때이며, 그 속에서 자기의 역할을 찾고 사람들로부터 사랑받고 인정받는 순간이다.

북녘에서는, 소련이 선택한 사회주의는 체제만 바꾸었을 뿐 개인주의를 극복하고 인간의 본성에 맞는 사회와 개인의 발전시스템을 만들지 못한 제한성이 있었다고 생각한다. 북녘이 세운 대안은 인민대중을 그 본성인 사회정치적 생명체로 발전하는 존재, 집단주의를 강화하여 사회주의 건설의 주체로 세우는 방식이다. 집단주의로 무장한 사회정치적 생명체 인민이 주체적으로 만들어가는 사회주의를 '인민대중 중심의 우리식 사회주의'라고 한다.

이처럼 인민대중 중심의 우리식 사회주의에서 말하는 인민은 개별 인간이 아닌 사회정치적 생명체로서의 조직화된 인민대중이다. 수령과 당과 인민이 하나로 결속된 사회, 인민이 개별로 존재하는 것이 아니라 소년단, 청년동맹, 직업동맹, 여성동맹, 농근맹 등 각자가 속한 계급/계층 대중조직으로 결집하며 조선로동당의 주위에 결속된 사회가 우리식 사회주의의 의미이다.

❖ 집단주의에 대한 논점 생각해보기

집단의 이익과 발전은 개인을 위해서도 중요하다. 그렇지만 개인의 이익과 발전보다 집단의 이익을 앞세워야 한다는 것에는 거부감을 갖는 사람이 생길 수 있다. 이처럼 개인의 이익과 집단의 이익 중 무엇을 선차적으로 택할 것이냐는 고민은 늘 필연적으로 제기되는 문제다. 둘 다 중요하므로 선차적으로 중요한 것을 따지는 것 자체가 피곤하다고 생각할 수도 있다. 그러나 이 문제에 대한 답을 어떻게 내리는가에 따라 많은 것이 달라진다.

사회주의가 집단주의를 근간으로 하는 반면, 자본주의 사회는 개인주의를 기반으로 한다. 자본주의 사회에서는 개인의 이익을 먼저 고려하자니 이기주의인 것 같아 편치 않고, 집단의 이익을 먼저 도모하자니 생존경쟁의 전쟁에서 도태될 것 같아 불안하다. 게다가 자본주의 사회에서는 개인주의가 자연스러운 인간의 본질이라는 사회적 여론이 끊임없이 확대 강화, 보편화하면서 불안심리와 생존경쟁을 부추긴다.

집단주의가 전체주의, 군대식, 행정명령식이라고 비난하는 것도 바로 개인주의가 인간의 본성이라는 것을 강조하기 위한 자본주의 이론가들의 거짓 선전이다. 자본주의 사회야말로 개인의 이익과 집단의 이익이 조화될 수 있다고 선전하지만, 집단의 이익보다 개인의 이익을 앞세우면 반드시 집단의 이익이 파괴된다. 집단의 이익이 파괴되면 개인의 이익 역시 지켜질 수 없다.

집단주의는 전체주의와는 전혀 상관이 없다. 전체주의는 개인이 전체에 복종해야 한다는 미명 아래 거대자본과 기득권 세력의 탐욕을 위해 인민의 이익을 희생시키는 자본주의 사상이다. 전체주의에서 말하는 전체란 인민 전체를 의미하는 것이 아니라, 재벌과 같은 극소수 특권계층, 적폐세력을 의미한다.

마지막으로 사회주의를 '행정명령식'이라고 비난하는 것 역시 궤변에 불과하다. 행정명령식 관리는 특권계급의 요구를 강권으로 내리먹이는 낡은 통치방법이며 사회주의 사회에서 이런 방식이 남아 있다면 이는 낡은 사상이 아직도 잔존하는 까닭이다. 북녘에서는 이런 모든 사업이 사회정치적 생명으로서의 인민의 집단주의에 기초한 '우리식 사회주의'와 무관한 일이라고 생각한다. 북녘의 주장에 따르면 자본주의는 생산력과 생산관계의 모순으로 망하는 것

이 아니라, 인간의 본성과 대립되기 때문에 파산할 수밖에 없다고
한다.

전체 인민이 화목한 대 가정

국가라는 거대한 집단을 잘 유지하고 발전시키는 것은 결코
쉬운 일이 아니다. 가정에서도 가장이 폭력적이거나 무능하면 자
식들이 뿔뿔이 자기 길을 찾아 나선다. 하물며 국민 전체를 하나의
사회정치적 생명체로 결집시키려면 얼마나 높은 지도력이 요구될
까? 이 정도라면, 아무리 뛰어난 사람이라도 개인적으로 발휘할 수
있는 지도력이 아니다. 정책 결정 자체가 전체 인민의 의사를 반영
해 수립될 수 있는 구조가 필요하다. 정책 결정에 대한 집행에서도
인민들의 창조성과 열성이 보장될 수 있도록, 집단의 소통에 걸맞
은 지도력이 전제되지 않는다면 아무리 사회주의라 할지라도 거대
관료주의로 추락할 것이다.

자본주의는 더 높이 올라가지 않으면 추락할 수밖에 없기 때
문에 더 많이 가지려는 경쟁이 치열한 사회이다. 사회주의가 이러
한 자본주의와의 경쟁에서 살아남으려면 어떻게 해야 할까? 필연적
으로 사회주의 인민들의 집단적 창조성과 열성이 빚어내는 성과가
자본주의보다 훨씬 더 커야 할 것이다. 사회주의의 생명인 집단주
의가 고도의 정치력에 의해 뒷받침되어야만 하는 또 다른 이유다.

북의 수령제는 이와 분리해서 생각할 수 없다. 전체 인민의 에

너지를 하나로 모아 나라가 나아갈 총적 좌표를 결정하고, 다시 전체 인민이 결사관철의 의지로 목표를 달성하는 북의 독특한 정치 방식을 우리식 사회주의라고 하며 그 핵심에 수령제가 있다.

⁞ 수령제 사회주의라는 표현은 무엇이 잘못되었을까?

북에서는 수령과 인민이 대립되는 존재가 아니라 불가분의 관계에 있는 하나의 통일체라고 본다. 수령은 사회주의의 주체를 이룬 인민대중의 중심이라는 것이다. 수령은 인민대중 속에서 나오며 인민대중의 자주적 요구와 창조적 능력을 통일시키는 지휘기능을 수행한다. 인민대중은 수령이라는 통일적 지휘기능을 자기의 중심에 가지게 됨으로써 개별적 성원들의 제한된 힘을 집단의 위력한 힘으로 전환시키고, 자기 운명을 자주적으로 개척해 나가는 사회주의의 주체로 된다는 것이 북의 주장이다.

수령의 영도를 떠난 대중은 사회주의의 주체로 될 수 없으며 대중과 떨어진 수령도 더는 수령이 아니라 하나의 개인이다. 사회주의 주체로서의 인민대중과 그 중심으로서의 수령은 기원을 같이하며 수령은 인민대중 밖에 존재하는 것이 아니라 사회주의의 주체를 이루는 인민대중의 내부에 필수불가결한 한 부분으로 존재한다고 한다. 그러므로 수령제 사회주의가 아닌 '인민대중 중심의 우리식 사회주의'라는 표현이 북 사회의 특징을 더 잘 나타낸다고 할 수 있다.

• 북녘은 지금도 혁명 중

이번에 문재인 대통령과의 정상회담을 보도하는 북 텔레비전에서 김정은 위원장을 가리켜 '위대한 령도자 김정은 동지'라고 지칭하는 말이 귀에 들어온다. 문재인 대통령을 지지하는 이른바 '문빠'들도 '이니'라는 애칭을 쓰지만, 동지라는 말은 쓰지 않는다. 친한 친구들에게도 '동지'라는 말을 쓰면 비록 농담이라도 부담스러워한다. 그런데 북에서 최고 존엄에게 동지라는 말을 쓴다는 것은 가만히 생각해보면 이상한 느낌도 든다.

'뜻을 함께하고 한길을 가는 결사체'를 의미하는 '동지'라는 말은 친근한 표현이나 반대로 격을 극도로 높인 표현이 아닌, 어떤 '특수한 관계의 사람들끼리의 지칭'이다. 북 인민들과 '령도자 김정은 동지'는 무슨 뜻을 함께하기에 동지라는 말을 할까? 여기서 자세히 논할 문제는 아니다. 다만 확실한 것은, 김정은 위원장과 북 인민들은 '한길을 가는 결사체'라고 스스로 규정하고 있다는 점이다.

북의 최초의 수령은 김일성 주석이었다. 당시 인민의 자주적 요구를 실현하기 위해서는 일본 제국주의를 이겨내고 조국을 해방시키며 인민의 나라를 건설해야만 했다. 인민과 함께 그 길을 가면서 김일성 주석은 북 인민들의 수령이 되었고 조선민주주의인민공화국을 수립했다.

북의 수령은 김정일 국방위원장으로 계승되었다. 김일성 주석의 생전에도 청년 김정일의 역할은 말할 수 없이 컸다고 한다. 김정일은 1960년대 초 대학생 시절부터 자질을 나타내기 시작했다. 김일성 주석의 젊은 시절부터의 말들을 주체사상으로 정식화, 체계화, 사상이론화 한 것도 김정일 국방위원장이었으며, 사회주의 건설의 중요 요소마다 김정일 국방위원장이 있었다고 한다.

김일성 주석도 처음에는 김정일 위원장에게 수령의 지위를 계승하는 것을 반대했다고 한다. 그렇지만 소련이 스탈린 사후 계승 문제가 잘못되어 수정주의의 길로 들어섰다고 생각한 북으로서는 계승 문제를 미리 제대로 준비해야 한다는 위기의식이 컸던 것 같다. 조선로동당의 당원들과 당 일꾼들의 강력한 추대로 김정일은 계승자로 부각되기 시작했다. 1980년 10월 12일에 개최된 6차 당대회를 10개월 동안 준비해왔던 조선로동당 김정일 조직사상 담당비서가 당정치국 상무위원회 비서로 등장함으로써 공식적인 계승자가 되었다. 남쪽에서는 김 주석의 아들이 왜 계승자냐고 부정적인 시각을 갖고 있지만, 북의 입장에서는 김정일 국방위원장의 업적을 고려했다고 볼 수 있다.

평양 인민대학습당에 갔을 때, 김일성 주석이 생전에 한 말을 새겨서 걸어놓은 명판 중에서 무척 인상적인 명판이 하나 있었다. 정확한 말은 기억나지 않는데, 대략 이런 뜻이었던 것 같다. '인민들은 밥을 먹을 때에도 김정일을 생각하고, 길을 걸을 때에도 김정일을 생각하고, 심지어 꿈을 꾸어도 김정일 꿈만 꾸어야 합니다.'

아마 보통 사람이라면 아들한테 권력을 물려준다는 세간의 비판이 두려워서라도 그렇게 말하기 쉽지 않았을 것 같은데, 평생 풍찬노숙을 하며 인민들과 함께 혁명의 길을 걸어왔다는 김일성 주석이 얼마나 김정일 국방위원장을 믿었으면 그렇게까지 말할 수 있었을까? 김일성 주석을 소련의 괴뢰 독재자라고 여기는 사람들은 세기의 독재자다운 말이라고 할 것이다. 반면 김일성 주석을 북 인민들의 단결의 구심이라고 생각한다면, 김일성 주석 사후에라도 김정일 국방위원장과 인민들이 굳건히 결합하여 난국을 헤치고 혁명을 계속 이어가라는 애타는 염원으로 보일 것이다.

김정일 국방위원장의 집권 시기는 처음부터 고난의 행군이었다. 동구 사회주의가 몰락하고, 거대한 자연재해 앞에서 최악의 경제난을 거쳐야 했다. 또, 마지막 남은 사회주의 조선을 무너뜨리려는 미국의 핵공격 위협으로부터 조국과 인민을 수호해야 했다. 김정일 위원장은 이 난국을 인민들과 함께 선두에서 극복해 낸 수령의 계승자였다.

지금 북 인민들은 김정은 국무위원장을 최고령도자 김정은 동지라고 한다. 미국과의 관계를 정상화하고, 더는 핵위협이 없는 평화로운 조선(한)반도, 국제적 제재 없이 경제적 부국을 만들어 가는 간단치 않은 노정의 맨 앞에 김정은 위원장이 서 있다는 뜻인 것 같다.

3대째 세습은 너무 심하다고 고개를 흔드는 분들이 많다. 백기완 선생님은 예전 김정일 위원장이 처음 집권하던 무렵, 외신 기자들의 질문에 이렇게 대답하셨다고 한다.

"세습이란 원래 재벌이나 부자들이 자기 아들에게 기업과 재산을 물려주는 것이 아닙니까? 그러면 김일성 주석은 자기 아들에게 무엇을 물려주었겠습니까? 모든 것이 인민의 소유인 북에서 물려줄 만한 것이 있었을까요? 유일하게 물려준 것이 있다면 혁명과업이겠지요. 혁명과업. 대를 이어 인민에게 충성하라고 수령을 물려준 것입니다.”

　김정은 위원장에 대한 남쪽의 시각도 많이 달라지고 있다. 앞으로 남북관계 그리고 북의 추이에 따라 또 달라질 것이며 평가는 개개인의 몫이다. 그러나 여기서 분명히 해야 할 것은 김정은 위원장에 대한 국제사회의 평가가 어떠하든 그는 북 인민들과 분리할 수 없는 하나의 생명체라는 점이다. 이를 이해하는 것이야말로 북 바로 알기의 가장 중요한 요점이다.

∴ 북쪽 사람이 설명하는 '어버이 수령과 어머니 당 조선로동당'

　김정은 위원장의 국가적 공식직책은 국무위원장이다. '어버이 수령의 계승자' 혹은 '최고령도자'란 또 무슨 뜻일까? 권력은 최고인민회의에 있으며 국가원수는 김영남 상임위원장이라고 하지만 결국 국가원수는 김정은 1인 독재를 감추는 들러리에 불과하지 않느냐는 의문이 생긴다. 이 문제에 대해서는 북 안내원의 입을 빌려 북의 생각을 전달하는 편이 적절할 것 같다. 북을 이해하기 위해 반드시 필요한 주제이긴 하지만, 북의 입장을 어떻게 받아들일지에 대해서는 독자 개개인의 몫으로 남겨둔다.

- 어버이 수령이란 무슨 뜻입니까?

"자기를 낳아준 부모를 어버이라고 말하지 않습니까? 개인의 육체적 생명을 준 사람을 부모라고 하듯이 우리 인민들을 하나의 사회정치적 생명으로 엮어주신 분, 조선 전체를 하나의 대 가정으로 만들어준 분이므로 우리는 사회정치적 생명의 어버이라고 합니다."

- 남쪽의 대통령과 북쪽의 수령은 어떻게 다릅니까?

"남쪽의 대통령은 여러 지도자들 중에서 각자 지지하는 사람을 투표하여 가장 많은 표를 얻은 사람이 되는 거지요? 남쪽의 대통령과 비슷한 직책은 최고인민회의 상임위원회 위원장입니다. 상임위원장은 최고인민회의에서 선출합니다. 상임위원장은 국가원수로서의 일들을 합니다. 반면 수령은 인민의 어버이의 역할입니다. 정부의 직책은 국무위원장이지만, 당의 인민들을 섬기는 시중꾼으로서, 사회주의 건설의 주인이 되도록 총책임을 지는 역할이 중요합니다."

- 선거로 뽑히지 않는다면 낙하산이라는 오해를 불식시킬 수 없을 것 같은데요?

"국가원수는 선거로 뽑지만 인민의 수령, 최고령도자는 선거로 뽑힐 수 없습니다. 우리나라 헌법은 조선로동당을 북을 영도하는 당이라고 명시했는데, 옳은 영도를 하려면 지도력이 탄생되어야 합니다. 그래서 조선로동당은 수령의 계승 문제에 대한 몇 가지 원칙을 세우고, 그런 분을 인민 속에서 추대하는 과정을 거칩니다. 낙하산이 아니라, 당에서의 논의와 인민 속에서 추대되는 과정이 있습니다. 추대되는 과정은 검증의 과정이기도 합니다."

- 그렇게 추대하지 않고, 적절한 지도력을 가진 사람을 선거로 뽑으면 안 될까요?

"수령으로 추대되는 과정은 수령, 당, 인민이 하나로 결집되는 과정이며 혁명운동이 전진하는 과정입니다. 계승도 마찬가지입니다. 계승 문제가 제대로 해결되지 않으면 우리 혁명은 엄중한 어려움에 부딪힙니다. 뇌수가 없는 인간이 인간으로서 역할을 하기 힘든 것처럼 최고영도력이 제대로 서지 않으면 사회정치적 생명체로서 역할하기 힘듭니다. 최고영도력은 전대 수령의 사상을 올바로 이해하고 새로운 세대를 이끌만한 비범한 인물이어야 합니다."

- 그러면 수령과 인민이 있으면 되지 조선로동당은 왜 필요하며

어째서 어머니 당이라고 부릅니까?

"당의 역할은 수령과 인민을 연결시켜주는 것입니다. 육체적 생명으로 말하자면 신경의 역할입니다. 수령의 마음과 뜻을 인민들에게 잘 전하고 인민의 요구와 생각을 수령에게 연결 시켜주는 일입니다. 인민을 그림자같이 보살피고, 인민들이 세상의 주인으로 살아가기 위해서는 당이 꼭 필요합니다. 어머니 당이 없다면 수령도 없고, 인민대중도 없을 것입니다."

- 당의 유일적 영도란 무엇을 말합니까? 조선로동당이 계속 일당독재를 할 거라는 의미인가요?

"조선로동당과 당원들이 수령의 뜻과 인민의 의사를 정확하게 반영하고, 올바르게 전달하여 인민들을 하나로 단결시켜야 한다는 뜻입니다. 조선로동당은 인민을 영도하는 정당이지 최고 권력이 아닙니다. 조선에서 모든 권력은 인민으로부터 나오며 인민은 최고인민회의와 지방인민회의를 통하여 권력을 행사합니다. 조선로동당의 영도성(영도성이란 권력이 아니라 무한 책임성을 말한다), 이런 책임을 완수하려면 인민으로부터의 사랑과 지지를 받아야 하겠지요. 그래서 조선로동당을 어머니 당이라고 부릅니다."

• 살짝 엿본 풍경

북녘 사람들은 자신들의 '최고령도자'에 대한 이야기를 내게 잘 해주지 않는다. 남쪽 사람들이 거부감을 가지고 있는 것을 알기 때문에 논쟁하려 들지 않는다. 어쩌면 자신들의 생활 속에서 국가적 방침과 자신들이 해야 할 일들이 명확한 탓으로 굳이 영도자의 움직임에 대하여 따로 거론할 필요가 없는지도 모르겠다. 다만 평양에서 그들의 마음을 살짝 엿본 풍경을 전하는 것으로 '최고령도자'에 대한 그들의 마음이 어떤 것인지 설명하는 것이 적절할 것 같다.

첫 번째는 '김정일화 전시회'에 대한 이야기다. '김정일화'란 일본의 식물학자 가모 모토테루가 20년 동안 베고니아를 연구하여 개량한 품종이라고 하는데, 1988년 2월 16일에 김정일 위원장에게 헌정하였고 북은 이를 '김정일화'로 명명했다. 북에서는 해마다 각 계각층 인민들이 직접 키운 '김정일화'를 모아서 전시회를 연다. 그 전시회에 가본 일이 있는데 어느 군인이 초소에서 키운 꽃, 어느 공장 노동자가 키운 꽃, 어느 학교 학생이 운동장에서 피운 꽃 등등 꽃마다 사연들이 적혀 있었다. 해설사는 그 꽃의 크기가 얼마이며, 색조의 특징이 어떠하며 등등 제각각 꽃들의 특징을 설명해주었다.

나는 처음 이 전시회에 대한 이야기를 들었을 때 극성맞은 관변행사라고 생각했는데, 막상 그곳을 가보고 전시회를 왜 여는지 이해가 되었다. 한 송이 한 송이 꽃마다 그 꽃을 키운 사람의 절절한 마음들이 느껴져 왔다. 평범한 인민들이 최고영도자를 생각하는 마음을 표현하는 일은 쉽지 않다. 꽃 전시회는 '김정일화'를 정성을 다해 키우면서 지금 나라에 닥친 어려움을 함께 헤치고 가자는 영도자의 호소를 생각할 수 있는 계기였을 것 같다. 또 전시회에 온 사람들은 그 꽃을 보면서 꽃을 키운 이의 마음을 따라 배우고, 영도자를 중심으로 한 단결의 의지를 확산하는 자리라는 것을 느낄 수 있었다. '김정일화 전시회'를 단순히 관변행사라고만 생각했던 것은 나 역시 북을 잘 모르는 상태에서 나온 선입견이었다.

두 번째 이야기는 2월 16일과 4월 15일 두 최고영도자의 생일 축하 분위기를 띄우기 위해 부산한 모습이다. 막상 생일 당일에 평양에 있었던 기억은 없다. 민족화해협의회 선생들도 그날은 자신도 축제를 즐겨야 하기 때문에 우리들을 안내할 수 없다. 그래도 생일 직전, 준비 분위기는 몇 번 본 적이 있는데 각계의 사람들이 각자 참여할 수 있는 축하 분위기 마련에 여념이 없는 것 같았다. 내가 자주 숙박했던 양각도호텔에서는 종업원들이 구호판이나 꽃 장식물들을 손수 만드는 모습이 인상적이었다. 소박하고 정성 가득한 선전물들이었다.

우리 단체들이 요즘 흔히 하는 것처럼 손으로 쓴 축하 메모장들을 쭉 거는 식이 아니다. 나름대로 격식을 갖춘 선전문이었지만 돈을 주고 기획사에서 일괄적으로 만든 플래카드나 포스터가 아니었다는 점에서 평양 시민들의 마음이 물씬 느껴졌다. 또 양각도 바로 아래 대동강변에서 그날 공연할 율동을 연습하고 있는 종업원 무리도 본 적이 있다. 어디서 공연을 하는지는 모르지만, 20명 남짓 열심히 연습하던 모습이 기억난다.

북쪽 일꾼이 말하는 자신들의 영도자

앞에서도 말했지만 북 안내원들은 북의 정치체제에 대해서 별로 이야기하지 않는다. 그런데 나는 진짜 이들이 자신들의 영도 자를 어떻게 생각하는지 생생한 이야기를 듣고 싶었다. 술이라도 한잔할 때면 물어보곤 하는데, 그때 들었던 인상적인 이야기를 한 편 소개한다.

신 선생! 진짜 정이 많이 든 분이다. 말주변은 별로 없지만 만 날 때마다 반가운 표정을 감추지 못해 환하게 얼굴이 빛나곤 했다. 나와 큰 소리로 싸운 적도 있는데, 말주변이 별로 없다 보니 "내 심 정을 잘 몰라준다"며 버럭 소리를 지르곤 했다. 내가 요구한 무수한 요구사항과 면담 일정 등을 차질 없도록 준비하느라 잠시 일정을 협의한 후에 어디론가 땀을 뻘뻘 흘리며 돌아다니느라고 애로사항 을 말할 여유조차 없었기 때문이다. 그가 은밀히 들려준 이야기다.

"우리 장군님이 어떤 음식을 좋아하시는지 총장 선생은 압니까?"
"장군님이라면 김정일 국방위원장님을 말합니까? 알 턱이 있나요?"
"아마 알게 되면 총장 선생은 우리 장군님이 정말 소박한 분이라며 깜 짝 놀랄 겁니다."
"그래요? 무엇인데요?"
"절대 비밀인데 말입니다. 우리 장군님은 무오가리를 제일 잘 드십니다."
"무오가리? 아! 무말랭이? 남쪽에서는 무말랭이라고 해요. 근데 그걸 제일 좋아한다고요?"

"언제나 험한 데만 찾아다니며 현지지도를 하시느라 밥 한술 제대로 드실 여유가 없단 말입니다. 그래서 무오가리를 가지고 다니며, 고추장에 무친 무오가리 한쪽 얹어서 한술 뜨시지요. 그것 한 종지만 있으면 밥을 정말 잘 드신답니다. 야! 우리 장군님 정말 소박하지 않습니까?"

그 말을 할 때의 신 선생의 그 자랑스러운 표정이 너무나 순박하고 아름다워 보였다. 언젠가 일본 대하소설 『대망』에서 본 장면이 떠올랐다. 일본의 무사들은 말에서 내릴 틈도 없어 말 위에서 우메보시 한 쪽에다 물에 만 밥을 후루룩 마시고 또 달린다고 했던가? 물론 최고영도자를 일본 무사들과 비교하는 것을 그분들이 알게 되면 화를 내겠지만, 그만큼 바쁜 모습을 빗대 하는 이야기다. 조선중앙방송에서 김정일 국방위원장의 동정을 보도하는 것보다 훨씬 더 생생하고 재미있었는데, 그건 아마 신 선생의 표정 때문이었는지도 모른다.

⋮ 장군님을 보위하려는 그 마음을 왜 모르겠습니까!

중국 심양에서 북 민족화해협의회와 실무협의를 할 때였다. 그날 마침 김정일 국방위원장의 중국 방문 일정이 있다는 것을 심양에 와서 알게 되었다. 김정일 국방위원장이 심양역을 지나간다는 뉴스가 있었던 것으로 기억한다. 시간을 잘 맞추면 그 장면을 볼 수 있을지도 모른다는 생각이 퍼뜩 스치고 지나가자, 북 민족화해협의회 참사에게 심양역이 내려다보이는 높은 곳에서 회의를 하자고 끈덕지게 요구했다. 그러나 그분들은 들은 척 만 척, 우리는 호텔 회의실을 찾아 오랜 시간 마라톤회의를 해야 했다. 아마 그날이 몇 달을 끌어온 인천시의 남북협력 사업이 타결되는 날이었던가? 하여튼 남북 양쪽 모두 만족할 만한 협의가 이루어졌고, 합의서 작성도 무난히 끝났던 것 같다. 우리는 뒤풀이를 거하게 했다. 술도 마시고 통일노래도 부르면서 화합의 분위기가 한창 무르익었을 때였다. 갑자기 민화협의 한 참사가 내가 속삭이듯이 말했다.

"총장 선생의 그 마음을 왜 우리가 모르겠습니까? 아까 심양역에서 회의를 하자고 할 때 우리는 금방 알아차렸단 말입니다. 장군님을 멀리서나마 보위하려는 마음을 왜 모르겠습니까! 그러면서도 동의하지 못해서 미안하단 말입니다."

그러면서 술기운이 올라서인지, 그 참사는 울고 있었다. 나는 순간 너무 놀라 숨이 멎는 듯했다. 전혀 그런 의도가 아니었는데…….
그 장면을 보고 싶어 했던 것은 사실이지만, 호기심이었는데…….
그렇다고 그런 내 속심을 솔직히 말할 상황도 아니었다. 몹시 어정쩡한 순간들이 지나갔다. 그 참사는 울먹이며 연달아 이야기했다.

"우리 마음은 딱 같아요. 언제나 장군님의 보위를 생각하는 그 마음……."

그때 비로소 알았다. 이분들이 최고영도자에 대한 말을 하건 안 하건, 마음속에는 언제나 그를 생각하고 염려하는 그것이 기본 이라는 것을. 남쪽 사람들의 온갖 무리한 요구와 무례에도 불구하고 언제나 웃는 얼굴로 사람들을 배려할 수 있는 힘의 근원은 자신들이 장군님을 대신하여 이 자리에 나왔으며, 조국통일에 조금이라도 기여할 수 있다면 아무리 어려워도 웃으면서 간다는 결심 덕분이라는 것을.

2. 남쪽의 '국민을 위한 정치'와 북쪽의 인민대중 중심의 '우리식 사회주의'

⦂ 우리 사회의 '국민을 위한 정치'라는 구호

인민대중 중심의 우리식 사회주의라는 말을 들으면 문득 선거 때마다 들을 수 있는 '국민을 위한 정치'라는 구호가 연상된다. 실제로 그 구호를 실천하는 정치인이 얼마나 될까?

2010년이었던가? 쌀 재고가 너무 많아 가축 사료로 쓰자는 말까지 나돌 때 농민들과 함께 국회의원들을 찾아다닌 적이 있다. 쌀을 북으로 보내 우리 쌀농사도 지키고 남북관계도 발전시키자고 호소하기 위해서였다. 당시 밀가루는 보낼 수 있었지만 쌀은 불허하던 시기였다. 야당의원들은 노력은 해보겠지만 야당이라 힘이 없다는 말만 했다. 그래도 당시의 유력 대선후보를 찾아갈 때는 기대감이 좀 있었다. 도지사 시절, 남북관계 개선에 적극적이었던 분이라 대북 쌀 지원의 의미를 공감해줄 것이라고 믿었다. 기자회견도 함께하고, 거리 캠페인도 해서 어떻게든 대북 쌀 지원 금지 조치를 풀 수 있는 여론을 만들고 싶었다.

결과는 어땠을까? 그는 "내가 대통령이 돼야 남북관계가 개선되고 대북 쌀 지원도 가능하다"라는 말만 되풀이했다. 그래도 당대표라면 농민들의 마음을 헤아릴 정도는 되지 않을까 여겼던 우리는 실망이 컸다. 적어도 무엇을 도와주면 힘이 되겠느냐는 말 정도는 해야 하지 않았을까? 농민들 손을 잡아주며, 야당이라 실권은 없지만 그래도 국민들과 함께 여론을 만들어보자고 해야 하지 않았을까? 기자회견이라도 하면 반드시 나오겠다고, 집회에서 발언이라도 하겠다고 해야 하지 않았을까? 우리의 기대는 그런 소박한 것이었다.

그는 함께해달라는 우리들의 청원을 뿌리치며 "일단 나를 찍어라. 이 정권에서 무엇을 할 수 있겠는가? 당신들이 할 일은 나를 찍는 것밖에 없다!"라고 말했다. 지푸라기라도 잡는 심정으로 농사일을 중단하고 올라온 농민들에게는 관심이 없고 표 계산만 하고 있다니……. 지금은 힘이 없어서 아무것도 못한다는 사람이 대통령이 된들, 달라질까? 그때는 대통령이니 더 함부로 처신할 수 없다면서 보수층의 눈치만 더 살필 것이다. '총선을 지나고 보자.' '국회 과반이 안 되니 할 수 있는 게 없다.'…… 그들이 말하는 '국민을 위한 정치'란 표를 얻기 위한 구호에 불과하다. 심하게 말하자면 표를 달라는 협박으로 들린다.

⦁ '인민대중 중심의 우리식 사회주의'는 무엇이 다른가?

'인민중시, 인민존중, 인민사랑을 중심으로 하여 국가의 모든 정책을 결정'한다는 것은 인민을 위해서 무엇을 해주겠다는 정치 구호가 아니다. 인민은 자기의 운명을 스스로 개척하는 존재이지, 정치인들이 무엇을 해주어야만 하는 힘없는 존재가 아니다. 나라의 주인은 인민이기 때문에 인민대중 자신이 주인이 되어 인민의 정치를 실시하며 모든 것이 인민 자신을 위해 복무하게 한다는 뜻이다. 인민대중이 주인으로서의 높은 자각과 능력을 가지고 동지적으로 단결하여 투쟁하는 것이 인민대중 중심의 우리식 사회주의의 특징이다.

나는 남쪽에서 그런 정치를 본 적이 별로 없다. 우리는 좋은 사회를 꿈꾸며 정치인을 선택하지만, 선거 공약(公約)은 공약(空約)일 뿐이다. 정치인들에게 밥을 달라는 것도 아니고, 불가능한 무엇을 해달라는 것도 아니다. 그저 함께 싸워달라고 하는데, 정치인들의 답은 한결같다. '아직도 표가 부족해 상대 당을 제압할 수 없으니 다음번에는 더 많은 표를 달라'고만 한다. 그래야 국민을 위한 정치를 제대로 할 수 있다는 말이 너무 식상하다.

또 남쪽 사회에서는 계급/계층 간 갈등이 심하고, 국민의 뜻이 무엇인지에 대한 아전인수식 해석이 난무하며 통일적 정치지도력은 기대하기 어렵다. 부동산 정책 하나만 보아도 주택값을 안정시키는 것이 국민의 요구인지, 집장사를 더 활발하게 할 수 있도록 하는 게 옳은지 논쟁이 시끄럽다. 이쯤 되면 인민적인 것, 인민의 요구가 가장 정의로운 것이라는 북의 주장을 제대로 들어봐야 할 것 같다.

3. 가장 인민적인 것이란?

: 가장 인민적인 것은 대중추수적인 것?

인민을 위한 것, 인민적인 것이 가장 정의로운 것이고 최우선 시된다는 건 무척 어려운 말이다. 대중추수주의와는 다른 말일까? 대중추수주의는 '인기를 좇아 대중을 동원하여 권력을 유지하려는 정치적 태도나 경향'이다. 환부가 곪는데 일시적 대중요법으로 대중의 불만을 누그러뜨리는 것이 대중추수주의라면, 결국 인민의 요구와는 무관하다. 이를테면 취직이 안 되니 당장은 특별 청년수당이라도 나오면 좋아하지만, 그런 방식에 진정으로 만족하는 청년은 없다. 청년들도 일자리를 원한다. 인민을 위한 것과 대중추수주의는 관련이 없다.

이렇게 물어보자, 인민을 위한 것, 인민적인 것이 가장 정의로운 것이라는 말에 찬성하는가? 혹시 대중은 이기적인 존재라서 '인민적인 것이 정의로운 것'이라는 말이 틀리는 게 아닐까? 계층간 이익이 첨예하게 충돌하는 사회에서는 헷갈리는 문제가 아닐 수 없다.

정부가 최저임금을 인상한다고 하니 중소상공인들이 데모를 했다. 농민들과 농식품부는 쌀값을 올리자고 하고, 기획재정부에서는 소비자의 부담이 늘어난다며 난색을 표한다. 국민의 입장이

하나로 정리되기 어려워 인민을 위한 것이 무엇이냐에 대한 논의
도 복잡하기 마련이다.

⁝ 북녘에서 말하는 인민, 인민대중 중심의 우리식 사회주의

북녘은 어떨까? 인민 속에는 외세에 빌붙어 자기 이익을 도
모하려는 자들은 포함되지 않는다. 권력과 영합하여 기득권을 유
지하려는 적폐세력도 포함되지 않는다. 낡은 세력의 거짓말을 포
장해주는 전문가 그룹도 포함되지 않는다. 노동자·농민, 중소상공
인, 양심적 지식인과 종교인들이 북녘이 말하는 인민이다. 북은 정
부 수립 이래 인민들의 계층적 입장이 서로 조화롭게 실현될 수 있
도록 화합하고 조율하는 정책에 성공했다고 주장한다. 사회주의적
발전을 추구하지만, 우선은 나라의 자주권을 지키고 자립경제의
기반 구축을 더 중심에 놓는 국가의 정책에 인민이 호응해 나섰다
고 한다. 인민의 이익 실현의 방향이 큰 흐름에서 통일되었다는 뜻
이다. 이런 조건에서 북은 인민을 위한 것, 인민의 뜻이 무엇인가
를 명백히 살필 수 있게 되었으며, 인민의 뜻이야말로 가장 정의로
운 것이라고 자신 있게 말하는 것이다.

위정자들이 인민들에게 어떤 이념이나 가야 할 목표를 제시
하는 것도 중요하지만 그보다 더 중요한 것은 인민들이 스스로 주
인임을 자각하여 자주적으로 판단하고 창조적인 열정으로 밀고 나
가는 존재임을 믿는 것이다. 그래서 북은 늘 인민을 믿고 인민에

의거하며 인민의 창조적 힘을 결집하여 나아갈 때 모든 문제를 가장 잘 해결할 수 있다고 주장한다. 이처럼 인민의 이익과 뜻을 기본에 둔 사회주의를 '인민대중 중심의 우리식 사회주의'라고 부른다.

⁞ 심부름꾼이 되지 말고 시중꾼이 되어라

2012년 김정은 국무위원장이 최고영도자가 된 얼마 후 평양을 방문했다. 평양에서 젊은 새 지도자의 인기는 하늘을 찔렀다. 그때 내게 김정은 위원장의 특징에 대해 안내 선생이 해준 말이 인상적이었다. 모든 당 일꾼들은 "심부름꾼이 되지 말고 시중꾼이 되어야 한다"라고 말했다는 것이다.

심부름꾼과 시중꾼이 무엇이 다르냐고 묻는 내게 그 선생은 이런 답을 주었다.

"심부름꾼은 주인이 무엇을 시키면, 시키는 대로 합니다. 그런데 시중꾼은 주인이 무엇을 시키기도 전에 주인의 상태가 어떤지를 살피고, 필요한 것을 미리 준비하며, 주인이 무엇을 행하면 행여 실수할세라 조용히 뒷바라지를 하는 사람입니다."

여기서 주인이란 북녘 표현으로 하면 인민이고, 남쪽의 표현이라면 민중이다. 민중이 무엇을 요구하기 전에 민중의 억울함과 요구를 먼저 살피고, 그들이 문제를 해결할 수 있도록 필요한 제반 조건을 준비하고 도와주며, 행여 실수할세라 음으로 양으로 뒷받침하라는 뜻이다. 사회주의에서는 당의 지도자를 비서라고 한다. 비서는 말 그대로 '복무하는 사람, 심부름꾼'을 말한다. 군림하는 것이 아니라 인민에게 복무한다는 뜻이다.

그런데 집권한 당이 그게 쉬울까? 인민을 위한 정책을 세울 수는 있지만 인민 위에 군림하면서 당의 정책을 이해하지 못한다고 인민을 타박하기가 더 쉽지 않을까? 그런데 김정은 위원장은 인민의 심부름꾼에 머물지 말고 한 발 더 나아가라고 했다는 것이다. 인민보다 먼저 속뜻을 헤아리고, 가려운 곳을 찾아 긁어주고, 인민의 말을 경청하고, 충실한 벗이자 보호자, 뒷배가 되어주어야 한다고 역설했다고 한다. 왜? 인민이 사회의 주인이니까! 이것이 인민을 중심으로 하는 우리식 사회주의의 가장 중요한 특징이라고 한다.

5부

북은 우리에게
어떤 존재일까?

1. 통일을 해야 하는 이유를 묻는다면?

⦂ 평화정착과 경제번영

통일을 해야 하는 이유를 묻는 질문에 가장 흔한 답은 '평화'다. 남북이 대치상태면 전쟁 위협도 커지니 당연하다. 그런데 이런 반론을 받으면 뭐라고 해야 하나? "어렵게 통일까지 해야 전쟁 위협이 없어질까? 사이좋은 두 개의 국가도 좋지 않을까?" 틀린 말은 아니지만, 대부분의 사람들이 흔쾌히 동의하기는 어려울 것 같다.

문재인 대통령의 말처럼 5,000년을 함께 살아온 같은 겨레이며 따로 산 기간은 거우 70년인데, 함께 살면 왜 안 되느냐는 반론이 귀에 쏙 들어온다.

통일을 해야 하는 또 하나의 흔한 답변은 북에 지하자원이 많으니까, 또는 철도를 연결하면 우리가 세계 물류의 중심이 될 수 있고 경제적 이익이 크다는 것이다. 이것도 맞는 말이다.

북의 지하자원은 그 종류가 다종다양하면서도 광산이 아주 많은 것이 특징이다. 지하자원광산은 수천여 개나 되며 그곳에 있는 광물의 종류는 백수십여 종이다. 북처럼 작은 면적에 지하자원이 풍부하고 광상 수가 많은 나라는 보기 드물다. 단위 넓이당 지하자원의 분포도도 높다. 미국의 '골드만삭스'는 북한이 약 3조 7,000억 달러에 달하는 막대한 지하자원을 가지고 있다는 보고서를 발표했으며 프랑스의 '르몽드'는 이보다 더 많은 6조 달러어치의 지하자원이 묻혀 있다고 보고했다. 또 영국 '로이터 통신'은 북에 많은 석탄이 매장되어 있으며 이외에도 마그네사이트, 석회석, 우라늄, 금, 아연, 망간, 동 등 지하자원이 막대하다고 전했다.

북한 주요 지하자원의 잠재가치					
광종	단위		매장량		잠재가치
			확보(잔존)	확보+전망	확보(잔존)	확보+전망
금	톤		234	698	8,084	24,134
은	톤		2,587	6,357	1,594	3,917
몰리브덴	톤		9,745	18,745	177	340
중석	톤		36,892	146,016	15	61
니켈	톤		69,582	147,683	1,433	3,041
동	천톤	한국의 83배	1,475	4,235	10,048	28,855
중정석	천톤		2,319	15,397	399	2,652
연	천톤		2,597	9,988	5,067	19,484
망간	천톤		2,989	2,989	7,840	7,840
형석	천톤		3,345	5,350	811	1,298
아연	천톤	한국의 53배	8,875	27,425	19,346	59,781
인상 흑연	천톤		14,596	14,596	13,436	13,436
인회석	천톤		131,748	250,738	20,695	13,436
무연탄	억톤		9	42	117,993	535,422
마그네 사이트	억톤		13	76	498,271	2,933,820
철광석	억톤		14	25	137,641	243,038
갈탄	억톤		15	180	192,102	1,301,406
총 계					1,034, 952	6,217,910

자료 출처: 북한자원연구소(가격기준: 2005~2014년 평균 수치)

북에는 첨단기술 수단을 만드는 데 없어서는 안 될 핵심재인 희토류의 매장량이 풍부하다. 현재 알려진 전망 매장량은 함유량으로 수천여만 톤이다. 희토류 자원은 평안북도와 강원도, 황해남도 지역에 분포되어 있다. 함유량 1억 5,000만~1억 6,000만 톤으로 추산되어 세계 희토류 매장 국가 중 상위에 속한다.

그런데 경제적 이유가 가장 중요할까? 유럽과 같은 국가연합

자료 출처: 북한의 주요 광산 현황(북한자원연구소)

만 되어도 경제적 이득이 클 터인데 군이 복잡한 통일까지 생각할 필요가 있을까? 그런 것 같기도 하고, 아닌 것 같기도 하다. 그동안 평화정착과 경제번영을 중심으로 통일을 이야기하면서도 정작 통일을 해야 하는 핵심적 이유에 대해서는 한마디로 말하기 어려웠다. 평화정착과 경제번영은 누구나 동의하지만 군이 통일을 해야 할 절박성을 설명하기에는 부족하다.

⁝ 우리는 북녘을 정말 같은 민족이라고 생각했나?

같은 민족이니까 통일해야 한다고 하면 너무 당연한 말이라고 할지도 모르겠다. 그런데 우리는 정말 북을 같은 민족이라고 생각하기는 하나? 말로는 민족이지만, 실제로는 소 닭 보듯 하는 관계 아니었나? 남북통일이 되면 어쩐지 우리가 손해 보는 것 같아 내심 경계를 하지는 않았나? 대한민국은 세계 7위의 경제 대국임을 자랑하면서, 북녘이 처한 어려움을 같은 민족의 어려움으로 여기고 함께 풀어야 한다는 책임감은 거의 없었다.

OECD 국가라며 제3세계를 돕는 일은 적극적이면서, 북을 돕자면 왜 이렇게 썰렁하던지! 국가보안법은 국가의 보안을 지키기는커녕 독재정권 유지법이라는 것이 계속 확인되는데도 칼날 시퍼렇게 살아있고, 국방부 장관 후보자 인사청문회에서는 북이 주적인지 아닌지 하는 논쟁이 시끄럽다. 요즘 종편 방송에서 '북한에게 채찍과 당근을 병행해서 주어야 한다'라고 말하는 것을 본 어떤 사람이 이런 말을 했다.

"짐승에게도 이런 말을 쓰지 않는다. 하물며 민족자주를 지키며 열심히 살아온 동족에게 이런 말을 쓰다니, 너무 심하지 않은가!"

　지난번 평창올림픽에 북녘이 전격 참여한 뒤 남북이 화해하면서 긴장과 대립의 국제정세가 평화 분위기로 바뀌기 시작했다. 또 4.27판문점선언으로 남북이 단합하고 소통하니 안 될 일이 없다. 깨질 것 같던 싱가포르 북미정상회담도 남북 두 지도자의 결단으로 다시 성사시켰다. 북에서 비핵화 프로그램을 내놓기 전에는 종전선언도 제재 해제도 없다던 미국의 입장이 문 대통령과 김 위원장의 평양선언 이후 바뀌었다. 대한민국과 조선민주주의인민공화국의 국격은 같이 높아지고 있다. 제주도 관함식에 오려던 욱일기를 단 일본 해군도 결국 돌아가야 했다. 중국도 북녘과 한국의 눈치를 봐야 할 형편이 되었다.

　전쟁 분위기가 사라지는 것도 좋고 경제협력의 효과도 좋지만, 무엇보다 신명 나고 피부에 와 닿는 것은 남북이 힘을 합치니 못해낼 일이 없을 것 같다는 자신감이 부쩍 높아진 것이 아닐까? 우리 민족끼리 단결하니 생기는 힘이다. 국제사회도 우리 민족을 다시 보기 시작했다.

• 나에게 민족이란 무엇일까

민족이 뭐길래 이렇게 우리의 한을 풀어주기도 하고 자신감을 주기도 할까? 또 경제협력의 보랏빛 전망도 좋고, 평화가 지켜졌다는 안도감도 좋지만 뿌듯한 자긍심, 우리 민족끼리 단결하여 우리 손으로 해냈다는 자신감이 더 우리의 심장을 들끓게 하는 게 아닐까? 드라마에서 일본 제국주의 군홧발에 대한제국 백성이 짓밟히는 장면을 보면 분노가 끓어오르고, 한일 축구대회에서 우리가 이기면 신명이 절로 흐르는 민족애의 정체는 무엇일까? 민족은 우리 주위를 늘 감싸고 있는 공기처럼 평소에는 느낄 수 없지만 조금만 상처가 나도 심장이 아프고, 조금만 상큼해져도 훨훨 날 것 같은 우리의 혼 같은 존재가 아닐까?

내가 민족문제의 중요성을 실감한 첫 계기는 일본에서 교포들을 만나면서였다. 재일한국민주여성회(이하 재일여성회)의 초청으로 통일문제에 대한 강연을 간 적이 있다. 공항에서부터 나를 안내한 분은 재일여성회의 임원이었는데 한국말이 좀 서툴렀다. 대학 졸업 후 재일여성회에 가입했고, 뒤늦게 한국어 공부를 시작했다는 것이다. 그분은 국적도 일본이라고 했다.

"저는 일본 학교를 다녔지만 집에서 할머니 할아버지는 한국말을 했어요. 저는 비록 일본어를 썼지만 생활풍습이나 사고방식이 일본인들과 같을 수 없었습니다. 처음 저를 힘들게 했던 것은 우리가 그들 속에서 살고 있지만 그들과 많이 다르다는 것이었습니다. 정서가 다르고 역사가 다르고 문화가 다른데 아무 생각 없이 동화될 수는 없었어요. 게다가 우리 민족을 경멸하는 일본인들……. 일본에서는 아무것도 하지 않아도 한국인으로 살아간다는 것만으로도 너무 힘들었습니다. 그래서 재일여성회에 가입했습니다. 한국말도 배우게 되었고요. 함께 모여 민족적 정서를 나누고 민족적 차별을 극복하기 위한 활동도 하면서 큰 힘과 위안을 받게 되었지요."

그분은 재일동포들이 어렸을 때부터 당해야 하는 민족적 멸시와 차별은 우리 민족이 힘이 없기 때문인데, 따지고 보면 모두 분단에서 기인한 것이라고 했다. 통일되어 민족의 힘이 지금보다 몇 배로 강해져도 일본인들이 우리를 멸시할까? 허리가 댕강 잘린 조국, 북과 대치한다는 명분으로 한국이 미일과 불평등한 군사동맹을 맺고 있는 조건에서 우리 민족이 일본인의 위세에 맞서볼 방법이 없다고 했다.

우리들은 북의 지하자원과 경제적 혜택을 따져보고, 군사비 절감효과를 계산기로 두들겨보면서 통일을 생각하지만, 일본에 사는 교포들은 실제 통일이 되어도 자신들에게 돌아오는 경제적 이득은 별로 없을 것 같다. 그럼에도 그분들은 자신의 민족적 서러움이 조국이 분단되었기 때문이며, 통일만이 당당하게 살 수 있는 길이라고 확신하고 있었다. 통일을 생각하며 어깨에 힘을 주고 일본에 당당히 맞설 수 있을 때, 삶의 빛깔도 달라질 것 같은 느낌이 공감이 되었다. 그때 나는 민족이 무엇인지에 대한 좀 더 구체적인 형상을 얻은 것 같다.

⁞ 우리 민족이라서 고통받는 사람들

　그때까지 나는 일본에 사는 교포들이 통일문제에 왜 그리 적극적인지 이해하지 못했다. 자신들의 지위 향상에는 관심이 없다고 생각했고, 통일문제는 우리보다 더 절절한 것이 좀 낯설었다. 그분들의 고통이 민족적 탄압 때문이라는 것을 알지 못했다. 조총련이나 조선학교 학생들이 탄압받는 것을 보면서 민족적 울분을 느꼈지만, 이념문제에 더 가깝다는 생각도 없지 않았다. 조선인 학교에 커다랗게 걸려 있는 북녘 영도자의 사진이 무엇을 의미하는지 충분히 이해되지 않았다. 그런데 일본을 오가게 되면서 내가 얼마나 무지했는지 깨달을 수 있었다.

　일본으로 귀화하지도 않고, 한국 국적을 취득하지도 않은 채 조선적이라는 무국적자로 살아가는 분들이 있다. 사람들은 재일본조선인총연합회(이하 조총련)가 북녘의 조직인 줄 알지만, 조총련의 '조선인'이란 조선민주주의인민공화국의 인민이 아니다.

　일제 식민지 시절에 강제로 끌려왔던 사람들 중 돌아가지 못해 일본에 남게 된 사람들이 있다. 그분들은 해방이 되면서 자동적으로 일본 국적이 박탈되었다. 1964년에 한일수교가 이루어지면서, 이 가운데 일부는 대한민국 국적을 취득하여 일본에서 외국인으로 등록하여 살기도 하고 일본에 귀화하기도 했다. 또 다른 일부는 분단의 반쪽인 어느 한쪽 조국에 소속되기를 거부하고, 통일이될 때까지 일본에서 무국적으로 살아가는 조선인들이다. 그분들의사회적 지위가 '조선적'이다.

일본인으로 귀화하지 않는, 무국적자의 아이들을 받아주는학교는 없었다. 또 학교에 아이들을 보낸들 조선어를 가르치지도않았다. 그들에게는 일본 국민으로서의 아무런 권리도 보장되지않았다. 이를 이겨내기 위해 그들은 먼저 학교를 짓기 시작했다고한다. 천막교사부터 시작해 책상과 의자를 하나씩 만들면서 비슷한 처지의 교포들이 모여들기 시작했다. 자식들에게 모국어를 가르쳐야 한다고, 말을 잊으면 민족을 잊는다고……. 언젠가는 조국에 돌아갈 날이 있지 않겠냐고……. 그렇게 시작한 것이 재일조선인학교였다.

막노동을 하면서, 간신히 생계를 꾸리는 그들에게 경제적 여유인들 있었을까? 벽돌 한 장 사는 것, 칠판 하나 만드는 것, 어느하나 쉬운 것이 없었다. 그러던 차에 북녘에서 도움의 손길이 왔다. 1957년부터 2017년까지 북녘은 조선학교에 대해 모두 163회, 480억 599만 390엔의 자금을 보내주었다. 해마다 학생들에게 조국수학여행을 보장하며 일본에서 당하는 민족적 한과 어려움을 위로하고 격려해주었다. 조선인 학교에서 북녘 최고지도자의 사진을걸어놓은 것은 같은 민족으로서 자신들의 어려움을 진심으로 헤아려준 북녘에 대한 고마움의 표현이다. 이분들은 앞으로도 분단된어느 한쪽의 국적을 택하지 않을 것이라고 한다.

일본 정부의 조선인 학교에 대한 지원이 모두 끊어지고, 조선인 학교를 나와도 학력으로 인정받지 못하므로 일본 회사에 취직도 불가능하다. 그럼에도 그분들은 공동체를 이루고 굳건히 단결해서 온갖 역경과 차별을 이겨내고 있다. 지금은 일본의 극우화 분위기 속에서 우리 민족에 대한 일본의 증오심이 더욱 커지면서 헤이트스피치(hate speech)가 심해지고 한국인 전반에 대한 차별이 기승을 부린다. 남북관계가 점점 열리고, 평화가 정착되어 일본 극우화의 명분과 토대가 없어지는 날, 일본에 사는 우리 교포들의 어려움도 극복되지 않을까? 조선적 교포들이 일본 사회에서 당당한 소수민족의 일원으로 살 수 있는 길은 통일밖에 없다.

2. 민족에 대한 남북의 견해

⁝ 민족에 대한 남녘의 생각

최근 남북이 화해하면서 민족적 자긍심은 높아지고 있지만, 지난 시기 민족, 민족주의에 대한 관심과 노력은 여러 측면에서 약화되고 있다. 세계화의 흐름이 한바탕 휩쓸고 지나간 후, 민족적인 것보다 국제적인 것에 대한 관심이 확대되고, 그 여파로 민족적인 것들이 경시되고 있다. 민족을 얘기하는 것은 케케묵은 고루한 것, 시대에 뒤떨어진 것으로 치부하는 분위기가 팽배하다. 이러한 분위기는 세계화의 풍조를 더욱 확산시켜 제국주의 거대자본의 독식 체제를 공고화하려는 보수화 경향과도 관련된다.

게다가 구미에서 학위를 받은 진보적인 교수들도 서구에서 파시즘 혐오 영향을 받은 탓으로 되도록 민족주의라는 용어를 쓰지 않으려고 한다. 그러다 보니 진보적인 지식인들 사이에서도 민족적인 것을 목적의식적으로 개발하고 확산하려는 노력이 거의 이루어지지 않고 있다.

갈수록 우리 민족의 역사에 대한 대중들의 관심이 높아지고 있지만, 여기에도 민족적 긍지와 자부심을 높이기보다 민족 허무주의나 패배주의를 부추기는 부작용이 많이 나타나고 있으며, 민족사에 대해 자긍심을 높이려는 노력에 대해서 '국수주의'라는 폄

훼 현상도 만만치 않다.

다른 나라에 사는 교포들에 대해서도 마찬가지다. 그분들도 조국이 잘 되기를 바라는 분들인데, 같은 민족으로서 보살피고 도우려는 노력은 전무했다. 재일동포가 일본에서 온갖 핍박을 받고 살아도 대부분 알지도 못한다. 조선인학교의 어려움이 우리 사회에 알려지면서 도움의 손길을 주려는 사람들이 있었지만, 조총련 계열의 학교에 대한 자금지원은 한동안 불허했다.

중국 연변에 사는 조선족에게는 어땠을까? 마찬가지로 동족으로서의 따뜻함을 보여주지 않았다. 먹고살기 힘들어 할아버지의 나라 대한민국을 찾아왔건만, 저임금구조를 온존시켜 우리 노동자의 일자리만 뺏는다는 생각, 영화『황해』처럼 무서운 사람들이라는 이미지화, 북녘과 내통하는 간첩일지도 모른다는 의심 등이 조선족에 대한 우리의 느낌이다.

지난해 개봉했던 영화『안시성』을 보고 어떤 젊은 친구가 '국수주의'라고 혹평을 하는 것을 들은 적이 있다. 평소 진보적인 삶을 살고 있다는 자부심이 충만한 친구였다. 관민일치의 투쟁으로 당나라 수십만 대군과 3개월 동안 격전을 벌여 마침내 당나라를 몰아낸 안시성 이야기를 그렇게 평가한다는 것이 놀라울 따름이었다. 민족의 위대성을 말하면 국수주의라고 폄훼해도 거의 반론을 받지 않을 만큼 민족주의는 우리에게 애매모호한 문제였던 것 같다.

정치적 문제에 관심이 많고, 한미동맹에도 비판적인 젊은 대학생에게 민족주의를 어떻게 생각하느냐고 물었더니, 한참 고민

끝에 '저항적 민족주의만 동의한다'라는 어정쩡한 대답을 한다. 자기 민족을 사랑하고, 민족사에 자부심을 느끼며, 민족이 당하는 수모에 격렬하게 분노하는 민족주의. 자기 활동은 민족적임에도 불구하고 민족주의에 동의하지 못하는 어정쩡함을 어떻게 이해할 수 있을까!

⁝ 민족에 대한 북녘의 생각

북녘은 사회주의 체제이다. 일반적으로 사회주의는 계급적인 것을 강조하는 반면에 민족적인 것을 경시한다고 알려져 있다. 이것은 서구의 역사적 경험을 놓고 볼 때 맞는 말이다. 서구의 마르크스 레닌주의 사상과 그에 기초한 사회주의 체제에서는 민족적인 것들은 자본주의적인 것들과 연관되는 것으로 봤으며, 사회주의 사회가 발전할수록 민족적인 것들은 사멸해간다고 봤다. 그렇기 때문에 사회주의 사회에서는 민족적인 것을 강조할 수 없었다. 과거 동독에서도 서독은 같은 민족이기 때문에 통일해야 한다는 주장을 부정하고 반대했다. 그래서 통일 문제에 매우 소극적이었고 심지어 반대하기조차 했다.

반면 북녘에서는 민족적인 것과 계급적인 것을 대립시켜 보지 않는다. 북녘에서는 '민족적 형식에 사회주의적 내용을 담아야 한다'고 말한다. 민족적인 것을 자본주의적인 것과 연관시켜 보는 것이 아니라, 사회주의에서도 여전히 민족적인 것들이 중요하다고 보고 있다. 민족과 계급은 대립관계가 아니라 내용과 형식의 관계로 본다. 민족적인 것들을 그 무엇보다도 소중하고 귀중한 가치로 내세우고, 목적의식적으로 계발하고 확산시키기 위해 모든 노력을 경주한다. 민족적인 것을 가장 귀중히 여기다 보니 민족자주와 민족통일을 최고의 가치로 내세운다.

민족적인 것을 가장 귀중히 여기는 북녘의 입장은 '우리 민족 제일주의'라는 구호로 표현됐다. 이 구호가 처음 나온 것은 1986년대 후반이다. '우리 민족 제일주의'는 1986년 7월 15일 당 중앙위원회 책임 일꾼들과 나눈 김정일 국방위원장의 담화 '주체사상 교양에서 제기되는 몇 가지 문제에 대하여'에서 처음 제기되었다. 이후 1989년 12월 28일 당 중앙위 책임일꾼들 앞에서 한 연설 '조선민족 제일주의 정신을 높이 발양시키자'를 통해 내용적으로 구체화되었으며, 1990년대 들어서면서 본격적으로 보급되기 시작했다.

'우리 민족 제일주의'에 대해 남측의 일부 학자들은 사회주의 붕괴와 거센 세계화의 파도 등에 대한 위기 극복 담론으로 등장했을 뿐이라고 평가하고 있다. 이 견해가 타당하려면 북녘에서 민족적인 것들을 경시하다가 어느 날 갑자기 '우리 민족 제일주의'를 내세웠어야 한다. 그러나 북녘은 처음부터 줄곧 민족적인 것들을 귀중히 여기고, 민족적인 것들을 계발하고 발굴하고 확산시키기 위해 노력해왔다. 또 북녘 내부에서만이 아니라 일본에 사는 교포들에게도 같은 민족으로서 도움의 손길을 적극적으로 내밀었다.

그렇기 때문에 단순히 위기대응 담론으로 제기한 일시적 구호가 아니라 항구적으로 틀어쥐고 나가야 할 전략적 담론으로 제기한 것으로 보는 것이 객관적 평가이다. 물론 당시 시대적 상황과 연관이 전혀 없다고 볼 수는 없다. 사회주의 체제의 변질과 붕괴, 세계화 흐름, 개혁개방 압력을 극복하기 위해서는 '민족자주'의 기치를 더욱 높이 들어야 할 필요성이 있었고, 이를 반영해 '우리 민족 제일주의' 구호를 제기했을 것 같다.

나는 북녘의 '우리 민족 제일주의'를 처음 보았을 때, 북녘이 남쪽의 통일운동 진영, 민족주의 단체들과 손잡기 위한 전술적 조처라고 이해했다. 민족진영을 포용하는 모습을 보임으로써 전 민족 대단결의 기치를 들고 통일을 앞당기려는 모습으로 생각했다는 뜻이다. 그런데 나의 생각은 단견이었다. '우리 민족 제일주의'는 민족주의 세력들과의 연대연합을 위한 소위 전술 구호, 통일전선적 구호가 아니었다. 북녘사회주의적 내용을 민족적 형식에 담은 우리식 사회주의의 핵심내용이었다. 또 우리 민족은 어떤 풍파가 몰아쳐도 뚫고 나가 자주적으로 사회주의를 지키고, 번영과 조국통일을 할 수 있는 힘이 있다는 북녘의 선언문 같은 것이었다.

북녘이 정리하는 '우리 민족 제일주의'의 내용을 요약해보자. 이 구호는 우리 민족의 위대성에 대한 긍지와 자부심, 우리 민족의 위대성을 더욱 빛내어 나가려는 높은 자각과 의지로 발현되는 숭고한 사상 감정을 뜻하는 말이라고 한다. 북녘에서는 이 구호를 제기한 후 민족적인 것들을 더욱 강조하고, 민족적 긍지와 자부심을 높이기 위한 다양한 노력을 경주했다고 한다. 그중에서도 특히 우리 민족의 역사를 바로 세우기 위한 노력을 경주했다. 단군릉 발굴, 동명왕릉 개축, 왕건릉 개축사업이 대표적인 것들이다.

• 김일성 주석은 왜 단군릉을 발굴했을까?

김일성 주석이 대성산에 있는 단군의 무덤을 발굴조사하라고 한 것은 1993년이었다. 그때까지 북녘 역사학계에서는 단군릉을 백안시하는 분위기가 지배적이었다. 북녘 역사학계에서는 고조선의 중심은 평양 지역이 아닌 요동반도 개주 지역이었다고 봤으며, 그 지역에서 고조선의 유적 유물들을 집중 발굴해서 체계화해 놓은 상태였다. 그리고 고조선의 건국연대 역시 기원전 10세기를 전후한 시기였다고 봤다. 그렇기 때문에 평양에 단군릉이 있을 리 없다는 견해가 지배했다. 이러한 분위기에서 김일성 주석이 단군릉 개건을 제기하자, 역사학자들은 대체로 회의적인 태도를 취했다.

그런데 단군릉을 발굴하자 놀라운 일이 발생했다. 단군릉에서 부부의 뼈가 발굴된 것이다. 발굴된 남자의 뼈를 연대측정해 보니 5011년±267이라는 수치가 나왔다. 그 뼈의 주인이 측정 시점 (1993년)으로부터 5011년 전에 출생했다는 의미였다. 측정 오차는 ±267년이다. 1993년으로부터 5011년 전인 기원전 3018±267년(기원전 3025~기원전 2751년)에 태어났다는 말이다. 이것이 사실이라면 그 능은 단군릉일 수밖에 없으며, 단군은 기원전 3,000년 전후에 태어난 것이 명백하다. 그렇다면 단군조선의 건국연대는 기원전 30세기 초일 수밖에 없다. 이것은 우리 역사학계에 있어 하나의 혁명이 된다. 신화로 치부되던 단군과 단군조선이 과학적 역사학의 영역으로 뚜벅뚜벅 걸어 들어온 것이다.

북녘 역사학계에서는 난리가 났다. 요동지역이 아닌 평양이 고조선의 수도였다고 한다면 단군릉 하나만 덜렁 있을 리 없다. 평양이 고조선의 수도였다는 다른 유적이나 유물적 자료들이 나타나지 않으면 단군릉 발굴 결과를 믿기 어렵다.

단군조선에 대한 전면적이고 종합적인 새로운 연구조사가 이루어졌다. 집중적인 고고학적 발굴사업으로 평양이 단군조선의 수도였다는 것을 증명해주는 다양한 유적 유물들이 발굴되었다. 기원전 31세기의 용산리 순장무덤, 평양시 룡성구역 화성동 제단 유적, 기원전 25세기 전후의 비파형 동검, 왕릉급 고인돌 무덤, 기원전 27세기 이전의 고대국가 성곽유적(황대성 유적, 청암동 토성, 성현리 토성, 지탑리 토성), 기원전 30세기 전후의 수많은 청동기시대 집자리와 마을유적 등이 발굴됐다.

이러한 다양한 유적 유물들과 단군릉 발굴 결과를 놓고 몇 가지 중요한 결론이 내려졌다. 단군조선의 건국연대는 기원전 2333년이 아니라 기원전 30세기 초이며, 그 수도는 요동지역이 아니라 평양지역이었다는 것이다. 이로써 한반도 고대문명은 중국 고대문명 탄생 시점보다 몇백 년 전에 동아시아에서 가장 먼저 탄생된 독창적인 문화이며, 그 주인공은 구석기 시대부터 한반도에서 살아왔던 우리 겨레였다는 한반도 고대문명의 성격과 주체가 밝혀졌다.

이로부터 한반도 문명은 중국 황하 문명의 직간접적인 영향의 산물이라는 사대주의적 역사관이 타파됐다. 그리고 우리 민족의 역사를 그 뿌리에서부터 주체적으로 확립하고 과학적으로 체계화할 수 있게 됐다.

⁂ 민족을 제대로 알기 위한 노력은 우리에게 더 많은 선물을 준다

우리는 우리 민족의 뿌리와 역사, 민족문화에 대해 제대로 조사하기 위한 국가 차원의 노력이 별로 없다. 1998년과 2001년 두 차례의 발굴 결과 청원 소로리 볍씨[탄화미]가 기원전 1,500년 전 것으로 밝혀져 세계 학회를 놀라게 했다. 또한 고양 가와지 볍씨가 기원전 3,000년경부터 벼농사를 시작했음을 보여주는데도 불구하고 아직 우리의 고고학에서는 이를 인정하는 공식 기록이 없다. 인터넷에서 우리나라 벼의 기원에 관해서 찾아보니, 중국에서 우리나라를 거쳐 일본에 건너갔으니 기원전 1세기 정도로 봐야 한다거나 여주 흔암리에서 발견된 볍씨가 그보다 500년 정도 앞선 것이라는 내용만 눈에 띈다.

고구려의 역사도 마찬가지다. 집안에서 발견된 광개토대왕 비문에 따르면 『삼국사기』에는 고구려의 왕이 다섯 명이나 누락되어 있다. 기타 여러 근거로 보아 고구려의 시작을 기원전 277년으로 해석해야 한다는 주장이 많다. 그러나 역사학계는 고구려의 건국이 신라보다도 늦은 기원전 37년이라고 고집하면서, 광개토대왕 비문의 내용에 대해서는 별다른 입장이 없다.

　고조선의 건국 시기와 영역에 대한 입장, 한사군의 위치 비정에 대한 입장, 뿐만 아니라 고려·조선·근세사에 이르기까지 역사가들이 제각각 다른 연구결과를 내놓아도 국가적 차원에서 이를 종합하여 정론을 마련하려는 노력은 보이지 않는다. 이처럼 중요한 문제들에 대해서 국민적 정론을 세우려는 노력이 없다면 민족의 예지를 제대로 모아낼 정치적 지도력으로 볼 수 없다.

　역으로 민족의 뿌리, 민족의 역사, 민족문화에 깃든 민족의 근본 특성 등등의 역사학, 역사인문학의 발전은 우리 민족의 자긍심을 높일 수 있는 의미 있고 훌륭한 방안이다. 단군릉 발굴이 우리가 중국보다 훨씬 더 빨리 우리 손으로 고대문명을 만들었다는 증

백두산 천지에 선 우리겨레하나되기운동본부의 모습.

거를 주었듯이, 우리의 자주적인 역사, 창조적인 문화, 슬기로운 삶의 방식을 연구하면 할수록 우리 민족이 세계 누구에게도 뒤지지 않는 멋진 민족이었음을 알 수 있게 된다.

우리는 조선 500년 동안 사대주의를 무슨 바람직한 외교정책인 것처럼 포장하면서 민족의 자주성 훼손을 정당화하는 교육을 받아왔다. 일제강점기, 한반도 명당 자리마다 징까지 박아 넣으며 민족정기를 없애려고 했던 일본이 심어놓은 온갖 패배주의와 우리 민족 멸시주의는 아직도 요소요소에 남아있다. 그러한 낡은 생각을 없애는 좋은 방도는 우리 역사를 과학적으로 연구하여 제대로 세우고, 민족문화를 소중히 생각하는 사회적 기풍을 만들어나가는 것이다. 그 길만이 외세가 아무리 압력을 넣어도 그에 굴하지 않고, 자주의 길을 갈 수 있는 근본 토대이다.

3. 반드시 통일해야 하는 이유, 원래 하나의 민족이니까!

● **70년간 따로 산 차이점보다 5,000년을 이어온 동질성이 더 강하다**

주강현 박사는 그의 저서 『북한의 우리식 문화』(당대출판사, 2000년)에서 이렇게 말한다.

"북한 문화의 핵심은 한마디로 '우리식'이다. …… 북한의 우리식 문화는 민족적이라고 말하기에 '충분'하다. 때로는 너무 지나칠 정도로 민족적이어서 남쪽에서는 부담스럽게 생각하기도 한다. 북한 사회주의의 요체는 민족적 사회주의다. 사회주의 교과서 입장에서는 '민족적'이라는 접두어가 유별스럽게 보이겠지만, 자주를 생명으로 삼는 북한의 입장에서는 민족적 색채가 어떤 체제논리보다 앞서 있는 것이다. 평양의 국립교향악단이 서울공연에서 연주한 '아리랑', '그네 뛰는 처녀' 등은 서양악기와 민족악기가 훌륭하게 결합할 수 있음을 보여주었다. 반면에 우리 교향악단에는 오로지 서양악기만 있을 뿐 '민족'은 없다. 이러저러한 차이를 놓고서 남북 문화의 다름을 강조하는 이들이 많다. 분명히 남북은 문화에서도 다르다. 그러다 다름보다는 같음이 더 많다는 것이 솔직한 표현이 아닐까?"

나는 이 책에서 주로 북녘의 인민대중 중심의 사회주의 체제와 우리의 개인주의에 기초한 자본주의 체제가 어떻게 다른가를 설명했다. 그것은 사회주의 체제를 제대로 이해해야 북녘사회를 제대로 이해하고 남북 공동사업의 방향을 마련할 수 있기 때문이다. 그러나 더 중요한 것은 남과 북은 공통성이 훨씬 많다는 점이다. 5,000년을 함께 살았는데, 체제가 다르다고 해서 불과 70년 만에 한겨레가 아닌 것으로 될 수는 없다.

북녘은 우리와 같은 점이 너무도 많다. 말이나 역사, 문화가 같을 뿐만 아니라 5,000년 동안 형성된 정서도 똑같다. 어른을 공경하는 풍토, 거친 듯하지만 자주성이 강하고 정의로운 성정, 어디서나 모임을 만들고 어울리는 습성. 가무를 즐기는 풍토, 정이 많고 이웃의 어려움을 외면하지 않는 따뜻함 등 같은 점이 헤아릴 수 없이 많다.

4.27판문점정상회담 당시 처음 우리 언론에 모습을 나타낸 김정은 위원장이 문재인 대통령을 어른으로 깍듯이 공대한 것은 김정은의 첫인상을 좋게 만든 이유 중의 하나였다. 김정숙 여사와 리설주 여사가 팔짱을 끼고 다니는 것도 다른 나라에서는 몰라도 우리 민족에게는 무척 자연스러운 모습이었다. 김여정이 부지런히 김정은 위원장을 챙기고, 여기저기 뛰어다니며 웃는 낯으로 뒷바라지를 하는 모습에서 사람들은 호감을 가지게 되었다.

나는 북녘에 수없이 다니면서 늘 북쪽 사람들과 떠들고 같이 웃었다. 싸우기도 하고 화해도 했다. 화가 나서 죽을 것 같다가도 풀릴 때는 언제 그랬던가 싶을 정도로 화기애애했다. 다른 민족과는 어떤지 경험이 없어서 잘 모르지만, 우리는 한식구처럼 다정하

민족화해협의회 안내 선생과 담소를 나누며 만경대 고향집을 산책하는 장면. 왼쪽이 저자.

고 격이 없었다. 나만이 아니라 남쪽에서 온 어느 유명한 보수단체 대표도 북녘 분들과 함께 어울리는 데 어려움이 없었다. 같이 이야기를 하다 보면 고향 친구인 듯, 학교 동창인 듯, 동호회 회원인 듯 체제의 차이가 어떻고, 분단 70년이 어떻고, 그런 것이 문제가 된 적은 한 번도 없었다. 단 그들의 체제, 그들의 방식, 그들의 선택을 존중한다면 말이다.

⦂ 통일을 하는 이유는 첫째도 둘째도 셋째도 같은 민족이기 때문!

우리가 통일해야 하는 이유는 두말할 것도 없이 같은 민족이기 때문이다. 우리는 갈라져서는 살 수 없는 민족이다. 원래 하나였는데, 이렇게 인위적으로 허리를 댕강 잘라놓으면 어느 한쪽인들 온전히 살아갈 수 없다. 북녘은 우리끼리 살아가자며 남녘에 손을 내밀지만, 남녘은 주변 강대국의 반대와 간섭으로부터 자유롭지 않다. 민족을 선택하자니 그들의 등쌀에 고달프고, 동맹을 선택하자니 살길이 보이지 않는다. 북녘의 국제적 고립을 운운하지만, 남녘도 휴전선에 가로막혀 한반도가 아닌 '섬'에 갇혀 있기는 마찬가지이다. 우리 국민들의 선택은 '민족'이 명확한데, 일부 국회의원들과 언론인들의 눈에는 외국과의 '동맹'이 더 중요하게 보이는 이유는 무엇일까?

나는 문재인 대통령의 '한반도 운전자론'에 별로 공감하지 않는다. 우리는 민족의 화해와 단합을 추구하면 된다. 그러면 국제사회는 우리의 단결이 높아지는 것만큼 우리 민족에 대한 간섭과 협박의 강도를 낮출 수밖에 없어진다. 지금 보수와 진보, 수구 냉전 세력들과 민족주의 세력을 모두 아우른다며 내놓은 단어가 한반도 운전자론이겠지만, 한반도의 운명은 남과 북이 함께 헤치고 나가는 것이지, 대통령의 운전솜씨가 좌우하지 않는다.

통일 없이는 살 수 없다는 것만은 분명하다. 하나의 민족이 갈라져서 살아서는 민족적 발전을 이룩할 수 없으며, 민족 구성원들의 행복한 삶도 지켜질 수 없다. 남북으로 갈라져 70여 년 동안 살아온 우리의 현실이 이를 생생하게 보여준다. 분단으로 인해 전쟁의 참상도 겪었고, 수많은 가족들이 생이별의 세월을 보내고 있고,

전쟁의 공포 속에서 살아왔으며, 같은 민족 사이에서 증오와 불신, 대립의 고통도 맛보고 있다. 이 모든 것들이 민족의 분단으로 인한 것이며, 하나의 민족이 갈라져서는 살 수 없다는 것을 웅변해주고 있다.

통일의 정신적 토대는 우리는 같은 민족이라는 자각이며, 민족적 긍지와 자부심, 민족애이다. 민족적 긍지와 자부심, 민족애가 들끓어야 통일의 열기가 뜨거워지며, 온갖 장애와 난관을 돌파하고 통일의 길을 개척해 나갈 수 있다. 그런데 민족적 긍지와 자부심, 민족자주의식은 저절로 생겨나지 않는다. 민족적 긍지와 자부심, 민족자주의식을 함양하려면 민족적인 것을 목적의식적으로 끊임없이 계발하고 확산해 나가야 한다.

⦙ 통일은 바로 당신을 위한 과제

분단으로 인한 고통이 헤아릴 수 없이 많지만, 그중에서도 가장 큰 고통은 민족적 자긍심과 민족자주의식이 억눌려 온 것이다. 정신적 토대가 건강하면 무엇이든지 극복할 수 있지만, 민족적 자긍심이 허약하면 아주 작은 역경에서도 주저앉기 마련이다. 이미 경험하고 있듯이 남북화해와 통일의 과정은 우리 민족에 대한 자부심과 긍지를 지금보다 수천, 수만 배 올려놓음으로써 훨씬 당당하게 우리의 앞길을 헤쳐나갈 수 있게 한다.

북녘을 우리와 운명을 함께해야 할 동족으로 바라보고 그들의 삶과 체제를 제대로 이해하고 존중하려는 노력은 우리 자신에게도 많은 것을 가져다준다. 우리는 자본주의 사회가 강요하는 개인주의에 너무 지쳐있다. 숨을 쉴 구석이라도 찾으려고 공동체 사회를 구상하는 분들도 있지만, 사회주의 사회의 집단적 삶의 모습은 공동체를 향한 움직임을 더욱 확산시킬 것이다. 나 개인이 아닌 다른 사람들, 또 나보다 조국과 집단을 먼저 생각하는 기풍이 조금이라도 발전한다면 그것만으로도 우리의 삶이 훨씬 풍요로워질 것으로 확신한다.

또한 북녘을 객관적으로 이해하고 존중하는 것으로부터 우리 남녘사회의 공동번영과 통일을 앞당길 수 있는 방안이 마련된다. 통일은 위로부터 뚝 떨어지는 것이 아니라, 우리 각자 절절한 마음과 나름의 이해의 길을 걸어 나갈 때 어느 사이 우리 곁에 와줄 것 같다.

먹고살기도 힘든데 통일문제에 언제 관심을 쓸 수 있는가 하고 생각하지 마시라! 우리가 이렇게 먹고살기도 힘든 근본 이유는 분단체제 때문이다. 해마다 늘어나는 과도한 군사비, 민주주의를 외칠 때마다 수구세력이 전가의 보도처럼 들고 나오는 종북몰이 이념 공세. 물론 그런 문제들은 당장 해결하기 힘들다.

분단체제가 우리를 힘들게 하는데, 삶이 힘들수록 통일을 생각하고, 우리 민족의 자긍심을 되찾으려 노력하고, 인간의 존재양식에 대한 사례로써 북녘을 연구하고, 이런 노력들이야말로 우리가 양보해서는 안 되는 일상적인 일이다.

⁞ 북녘을 잘 안다는 거짓말

기회가 생긴다면 반드시 북녘을 가보길 권한다. 북을 가보는 것은 일반적 관광을 넘어 분단체제, 한반도가 아닌 섬에 갇혀 살던 우리의 시선을 트이게 하는 계기가 될 것 같다. 북녘을 가게 되면 유명 음식점이나 관광지, 역사 유적지도 중요하지만 북녘이 주장하는 그들의 진수를 알 수 있는 현장을 가보는 게 더 좋을 것 같다. 이를테면 '빛나는 조국'과 같은 대집단체조 예술공연, 교육현장, 그들의 일터 같은 곳이다.

바람직한 것은 그냥 일반 관광이 아니라 구체적인 협력사업을 통해 북녘 사람들과 함께 일하는 기회를 갖는 것이다. 함께 일하는 과정 속에서 그들과 우리가 얼마나 같으며 또 무엇이 다른가를 구체적으로 알 수 있다. 나는 북녘을 수없이 가보았지만, 지금도 잘 모르는 부분이 너무 많다. 양파 같다고나 할까? 매 사안에 대해서 어떤 입장과 태도를 가질지 예측하기가 어려웠다. 그것이 상대에 대해서 더 많은 고민과 이해가 필요하다고 느끼는 이유였으며 합의 과정은 내가 또 한 번 성장할 수 있는 내적인 계기였다.

최근 탈북자 출신 주성하 기자가 쓴 『평양 자본주의 백과사전』에 보면 "외부인을 만나는 순간 속내를 철저히 숨긴 배우로 둔갑하는 평양 시민들"이라는 표현이 나오는데, 무척 황당스럽고 악의적인 이야기다. 그들을 예측하기가 어려운 이유는 배우이기 때문이 아니다. 매 정치 상황에 대한 그들의 선택이 달라지는 것은 너무 당연한 일이 아닌가? 게다가 그분들은 절대 속내를 숨기지 않고 너무 솔직해서 탈이다. 우리가 예상했던 것과 다르다고 해서 그들을 가면을 쓴 배우라고 주장하는 것이야말로 지금 북녘이 남녘에 보여주는 온갖 배려와 애정에 대한 모독이다.

우리와 함께 통일을 해 나가는 주체로서의 북녘 사람들이 매 사안에 대해 어떻게 반응하고 대응하는가의 선택은 당연한 그들의 몫이다. 그들의 의사결정 구조, 대응방식은 그들이 선택하는 것이며 우리는 과정을 함께할 뿐이다.

우리도 남녘의 자주적인 의사로 통일문제를 결정하자. 그리고 북녘 사람들이 보여주는 모습에 대해서 우리가 판단해서 좋으면 지지하고 이해가 안 되면 이유를 물으면 된다. 그동안 반북 권력과 영합하며 살아온 소위 북 전문가라는 사람들의 말은 가려서 들어야 한다. 북녘이 지키고자 하는 가치와 북녘의 변화, 그것을 남녘 사람들이 제대로 안다고 하는 것은 지나친 자만이다. 우리도 그들도 모두 통일을 해 나가는 주체이며 남녘은 스스로 주체적으로 통일문제를 결정하는 풍토를 키워 나가는 것이 중요하다.

"머리에 뿔이 없는데요?"

나는 남북화해의 혜택을 가장 크게 누린 행운아였다. 처음에는 무조건 궁금하고 또 궁금해서 뛰어든 대북사업의 무게감은 날이 가도 줄어들지 않았지만, 북녘을 그 누구보다 많이 드나든 남녘 사람으로서 많이 생각하고 성장할 수 있었던 10년의 세월이었다.

북녘 사람들에게서 받은 따뜻한 사랑과 배려를 생각하면 지금도 눈물이 난다. 그들의 표정과 말투가 손끝에 잡힐 듯, 보고 싶고 그들의 이야기를 더 많이 세상에 전하고 싶다. 그들을 처음 본 남쪽 사람이 "머리에 뿔이 없는데요?" 하면 웃으면서 머리를 쑥 내밀고 "아니요, 자세히 살펴보면 머리털 속에 단단히 숨겨 놓았습니다" 하던 장면이 지금도 눈에 선하다.

북녘에 대한 온갖 거짓말이 난무하는 것을 참을 수가 없다. 분단된 것도 억울한데, 왜 같은 거레인 북을 그렇게 음해하고 증오심을 부추기려 기를 쓰는 것일까! 3대 세습이 마음에 안 들 수 있지만, 집단주의가 체질적으로 싫을 수는 있지만, 그들의 선택을 존중하고 우리는 우리의 길을 가면서 함께할 방안을 찾으면 되는 것 아닌가?

통일이 눈앞에 부쩍 다가오고 있다. 여전히 미국은 북에 대한 제재를 유지하고 있고, 북미관계의 정상화도 그다지 쉽게 되지는 않을 것 같다. 그러나 지난 2018년에 불어왔던 남북관계의 훈풍이 우리 모두의 마음속에 새로운 통일의 싹을 틔워주었다. 그리고 2019년에 김정은 위원장의 서울방문이 이뤄지면 또 어떤 바람이 불게 될까? 우리의 마음에 북에 대한 미움이 씻겨 나가면, 어떤 일들이 벌어질까?

나는 사람들에게 북녘을 좋아하라고 권할 생각이 없다. 사람들마다의 생각은 존중되어야 한다. 그러나 북녘을 음해하면서 같은 민족으로서 정당하게 대우하지 않는다면 용서할 수 없다고 생각한다. 우리가 북녘보다 좋은 점도 있고, 반면에 북녘으로부터 배울 점도 있다. 그게 인간사회의 다양한 모습에 대한 우리의 건전한 상식이다. 나의 이런 깨달음도 10년간 북을 오가며 보다 견고해진 것 같다.

북에서 만났던 평양 시민들, 민족화해협의회 일꾼들, 그들을 만날 수 있게 일거리를 만들어준 그간의 대북지원 참여자들, 함께 통일사업을 헤쳐 갔던 우리겨레하나되기운동본부 모든 식구들, 마지막으로 10년간의 소중한 경험을 책으로 낼 수 있는 기회를 주신 '내일을 여는 책' 김완중 대표님과 이헌건 편집장님께도 감사드린다.